_____ 님이

최고의 브랜드입니다.

{ 나다움 }으로
시작하는
퍼스널 브랜딩

세상에 단 하나뿐인
퍼스널 브랜드를 위한
8단계 브랜딩 전략

{ 나다움 }으로
시작하는
퍼스널 브랜딩

마이크 김 지음 | 이한이 옮김

현대
지성

'퍼스널 브랜딩'에 대한 모호함을 날려버리자. 이 책은 퍼스널 브랜딩으로 당신이 원하는 비즈니스를 만드는 확실한 방법을 제시한다. 이제 곧 당신은 8단계 전략을 통해 시장에서 팔리는 강력한 퍼스널 브랜드를 갖게 될 것이다. 이렇게 구축한 브랜드는 쉽게 벤치마킹되지 않는 독특한 영향력을 발휘한다.

♦ 이랑주
국내 최고 비주얼 전략가
『좋아 보이는 것들의 비밀』 저자

마이크 김은 브랜드를 만드는 이상의 일을 도와준다. 마이크는 우리가 이세상에서 어떻게 유용한 존재가 되는지를 알려준다. 이 감각은 삶에서 목적과 의미를 느끼게 한다. 그가 컨설팅해준 카피와 글은 내 콘텐츠를 훨씬 좋게 만들어주었다.

♦ 도널드 밀러
『무기가 되는 스토리』 저자
스토리브랜드 CEO

마이크 김은 사업가들에게 브랜딩의 가장 기본적인 진실을 알려준다. 바로 자신이 브랜드라는 사실 말이다. 이 책에서 자신의 플랫폼을 만들고 강한 소구력을 가지는 고유한 대중적 아이덴티티를 만드는 방법을 찾을 수 있다. 만약 당신에게 브랜드가 될 만한 무언가가 없다고 생각한다면, 다시한번 생각해보라. 이 책은 설득력 있는 퍼스널 브랜딩을 통해 자신의 비즈니스를 일구는 길로 당신을 안내할 것이다.

♦ 마이클 하얏트
『초생산성』『초마인드』 저자

퍼스널 브랜딩의 세계에서 진정성을 담은 똑똑하고 실용적이고 대범한 외침. 이 책은 그 어떤 책에서도 말해주지 않는 불가사의하고 애매모호하기만 한 비즈니스의 세계를 명징하게 밝혀준다. 이 책은 단순히 '○○하는 법' 같은 실용서가 아니다. 이미지와 소셜 미디어 팔로워로 돌아가는 세계의 이면을 드러내고, 진정성이라는 도전 과제를 제시한다.

♦팻 플린
『슈퍼팬』 저자
비즈니스 분야 1위 팟캐스트 '스마트 패시브 인컴' 진행자

나는 자신을 재창조해서 고유한 전문성, 열정, 경험을 세상에 내보이고, 커리어를 쌓을 수 있다고 몇 년째 입이 닳도록 이야기했다. 마이크 김은 이 일이 실제로 가능하다는 것을 보여준다. 이 책은 당신이 그렇게 될 수 있도록 실행 가능한 방법을 알려준다.

♦도리 클라크
『스탠드 아웃』 저자
듀크대학교 후쿠아 경영대학원 교수

브랜드와 비즈니스를 성장시키고 오랜 시간 살아남는 방법에 관한 현장 설명서. 새로운 비즈니스 및 마케팅 바이블이 나왔다.

♦다나 맬스터프
보스맘 설립자

퍼스널 브랜드란 무엇인가, 마케팅이라는 기이한 세상은 실제로 어떻게 돌아가는가, 진실이 어째서 최선의 성공 전략인가에 관한 우리의 예상을 뒤엎는 책. 오랫동안 이런 책이 필요했다. 마침내 이 책이 세상에 나타났다.

♦제프 고인스
『예술가는 절대로 굶어 죽지 않는다』 저자

마이크 김이 또 한 번 해냈다! 그는 자신이 가진 메시지로 퍼스널 브랜드를 구축하는 방법을 가르치면서 자신의 재능을 입증했다. 마이크와 함께 일하면서 나는 그의 독창적인 생각에서 많은 도움을 받았고, 수백만 달러를 벌었다. 이 책은 당신이 올해 읽은 그리고 앞으로 읽을 가장 생산적인 책이 될 것이다.

◆폴 마르티넬리

임파워드 리빙 CEO

존 맥스웰 팀 공동 설립자

이만큼 영감과 정보를 제공하는 책은 자주 볼 수 없다. 다음에 전문가로서 브랜드를 어떻게 구축할지 알려달라는 요청을 받으면, 이렇게 말하겠다. "마이크 김의 『나다움으로 시작하는 퍼스널 브랜딩』을 읽어라."

◆캐리 로즈 박사

오브코스닷유에스 공동 설립자

마이크는 자신의 모든 비결을 알려준다. 그와 함께 저녁 테이블에 앉아서 퍼스널 브랜드를 만들기 위해 필요한 중요한 전략과 전술을 모조리 전해 듣는 기분이다. 당신이 가장 돕고 싶은 사람들을 매혹하는 진실하면서도 독창적인 방법이 여기에 있다.

◆어니 스벤슨

변호사, 오토파일럿 로펌 설립자

마이크 김은 자신의 경험, 아이디어, 지혜를 시장에 내놓고 재화로 바꾸는 것을 도와줄 검증된 전문가다. 마침내 그가 자신의 노하우와 경험을 이 책에 모두 집약해 내놓았다. 꼭 읽어야 할 책이다!

◆레이 에드워즈

『팔리는 카피라이팅Write Copy That Sell』 저자

마이크는 브랜딩과 비즈니스에 관한 고정관념을 깬다. 그가 제안하는 방식은 간단하고 실천하기 쉽다. 경쟁이 심한 시장에서 브랜드를 만들고 유지하는 자신만의 방법을 알아내느라 고생한 적이 있다면, 마이크의 책에서 답을 찾길 바란다.

◆키라 허그
카피라이터 클럽 공동 설립자

자신에게 투자하고 남은 평생 당신을 먹여 살릴 비즈니스를 일구고 싶은가? 그렇다면 이 책은 당신을 위한 책이다. 마이크 김은 내가 가장 좋아하는 퍼스널 브랜딩 전문가다. 자, 누구와도 같지 않은 당신만의 브랜드를 구축할 준비를 하라!

◆자말 밀러
밀러 미디어 그룹 CEO

무대에 서서 강연하는 연사를 보고 저 사람은 어떻게 아마추어에서 전문가가 되었는지 궁금했던 적이 있는가? 그렇다면 이 책은 당신을 위한 책이다. 책에 실린 수많은 일화는 영감을 주고 동기를 자극해 위험을 감수하게 만들고 자신이 지닌 전문성을 재화로 바꾸게 해준다.

◆로리 뤼티만
『자신에게 걸어라 Betting On You』 저자

진작 나왔어야 할 책이다! 나는 수많은 비영리단체 및 리더들이 후원자에게 다가가는 것을 도왔다. 마이크의 전략을 사용해 그들에게 진정성, 온화함, 명징한 메시지를 전달하는 스토리를 사용하게 했다. 딱 지금 같은 시대에 필요한 책이다.

◆메리 발로니
풀리 펀디드 아카데미 공동 설립자

강연자, 코치, 컨설턴트, 트레이너라면 누구나 이 책을 읽어야 한다. 아니, 공부해야 한다. 이 책은 수익성 있는 퍼스널 브랜드 비즈니스를 구축하는 '시스템'을 전달한다. 보너스로 실용적이고, 심플하고, 유쾌한 마이크의 스타일도 접할 수 있다.

♦다니엘라 니카
멘토마인드 커뮤니티 설립자

많은 사람이 찾는 유명 전문가나 컨설턴트, 강연자처럼 더 나은 삶을 살도록 영향력을 발휘하는 인플루언서가 되고 싶다면, 이 책이 바로 당신이 찾는 그 지침서다.

♦리치 브룩스
체인지 디지털 마케팅 콘퍼런스 설립자
플라이트 뉴미디어 회장

수많은 고객을 컨설팅해준 경험을 통해 추출한 검증된 방법을 담은 책이다! 이 책은 허위 광고가 아니라 희망을 전달하는 지침서다. 이 걸작을 읽고 실천해 당신의 브랜드를 구축하는 시간을 수십 년 앞당겨라!

♦캐리 오버브루너
『몰입의 완성』 저자

이 책은 당신만의 전문성을 보여주기 위해 필요한 절차를 정확하게 제시한다. 실제로 이 절차에 따라 숨 쉬고 살아가는 사람이 쓴 것이기 때문이다. 이 책에는 마이크 김의 재능과 그가 경험한 '역경의 학교'가 그대로 담겨 있다. 누구든 이 법칙을 따라 하면 성장하고 부자가 될 수 있다.

♦마크 T. 웨이드 박사
버추얼서미츠 소프트웨어 설립자

이 책은 현실을 깊이 들이마시는 것과 같다. 신선하고, 흥미롭고, 우리가 퍼스널 브랜드를 세우는 데 힘을 북돋아주는 내용으로 가득하다. 중소 기업 및 1인 기업가와 함께 일해본 사람으로서, 나는 이 책이 우리가 기다려 왔던 '규격화되지 않은' 바로 그 책이라고 단언한다.

◆로런 V. 데이비스
로런 데이비스 크리에이티브 CEO
#소셜록콘퍼런스 공동 설립자

이 책은 마이크 김의 마케팅적인 혜안이 담긴 멋진 사례들을 읽기 쉽고 실천 가능한 형식으로 담았다. 자신의 브랜드를 성공시키고 새로운 고객을 창출하고자 하는 모든 전문가, 코치, 컨설턴트가 반드시 읽어야 할 책이다. 회사의 가장 가치 있는 자산인 '당신'을 마케팅해줄 상식적인 가이드라인이다!

◆크리스타 번스
아메리칸 포스처 인스티튜트 설립자
테드x 강연자

퍼스널 브랜드를 구축하려고 애쓰는 신출내기 창업자 모두가 손에 이 책을 들고 있는 모습이 보이는가? 책에는 밑줄이 그어지고, 메모지가 덕지덕지 달려 있고, 모서리가 군데군데 접혀 있다. 다시 말해, 이 책은 실천하기 쉬운 방법으로 오래 가는 비즈니스를 구축하는 방법을 담은 지침서다! 이제 한 권 사서 열심히 밑줄을 그어라!

◆케이 살레르노 & 실라 모리스
시스터 안트러프러너스, 스퀴즈 인 레스토랑 그룹 공동 경영자

내가 처음 마이크 김의 '브랜딩 브레인'을 알게 된 건 푸에르토
리코에서 열린 한 콘퍼런스 때였다. 우리 둘 다 그 콘퍼런스에
강연자로 참석했다. 우리는 수영장 옆에 서서 이야기를 나누다
가 오늘날 지나치게 세련된 세상에서 사람들이 자기만의 브랜
드를 만들 때 저지르는 실수에 관해 토론하게 되었다.

나는 23년 동안 프로 운동선수, 지도자, 유명 인사를 대상으
로 성과, 전략, 태도, 활동 등에 관한 코칭과 멘토링을 해왔다.

그러면서 사람들이 어떤 실수를 저지르는지 가장 앞 줄에서
직관할 수 있었다. 일부는 자기도 모르는 사이에 커리어를 잃
었고, 또 다른 일부는 슬프게도 자기 인생을 싫어하게 되었다
(나는 20년 이상 과학적인 방법으로 프로 운동선수들의 아이덴티티를

다시 만들어주고, 1만 8,000시간 이상 일대일로 코칭을 해주었다. 이런 작업은 퍼스널 브랜딩과 크게 다르지 않다).

나는 의뢰인들이 스스로 어떤 사람인지 더 잘 이야기할 수 있게 도와주고, 그들이 올림픽 무대, NBA 결승전, 회의실에서 최고의 성과를 내도록 이끌었다. 이는 마이크가 하는 일과 크게 다르지 않다. 마이크 역시 퍼스널 브랜딩이라는 수단을 통해 전문 직업인들이 더 나은 (그리고 진정성 있는) 이야기를 만들어내도록 돕고 있다.

그의 말마따나 누구나 퍼스널 브랜드를 가지고 있다. 하지만 그 브랜드를 어떻게 키울지는 각자의 선택이다. 스스로 선택하지 않은 채 자신이 누구인지 세상이 정하게 내버려둘 수도 있고 자신이 지닌 최고의 모습을 의도하고 계획해서 세상에 선보일 수도 있다.

당신이 이룬 성과를 무엇보다 멋지게 세상에 선보인다고 생각해보라. 자신이 어떤 사람인지, 어떻게 알려지고 싶은지는 스스로가 가장 잘 안다.

그건 온전히 당신에게 달렸다.

완전무결한 사람, 모든 문제를 해결할 수 있는 사람이 될 필요는 없다. 그런 역할은 토 나올 정도로 인플루언서가 넘쳐나는 시대가 되면서 폐물이 되었다. '인플루언서'라는 말이 여전히 여기저기에서 사용되고 있지만, 지금 필요한 사람은 인플루언서가 아니다. 마이크는 지금 우리에게 필요한 바로 '그것'을 곧장 써먹을 수 있도록 실용적이면서 결과를 내는 방식으로 처음 정리한 사람이다.

우리가 수영장 옆에서 나눈 대화에서 마이크는 퍼스널 브랜드 기업들이 마케팅 노이즈를 극복하도록 도와줄 때 자주 활용했던 기초 질문 세 가지를 알려주었다. 그는 이것을 PB3라고 불렀는데, 이 책의 제3장에서 자세하게 살펴볼 것이다.

이때 나는 마이크가 진짜 퍼스널 브랜딩 전문가임을 깨달았다. 현실 세계의 불길을 제대로 경험해본 사람만이 그것을 실용적이고 간단한 콘셉트로 추출할 수 있다. "단순하게 설명할 수 없다면 그 내용을 충분히 이해하지 못한 것"이라고 아인슈타인도 말하지 않았는가.

그날의 만남 이후 마이크는 자신의 브랜딩 체계, 마케팅 도구, 천재성을 계속 보여주었다. 나는 내가 주최하는 콘퍼런스나 이벤트에 마이크를 강연자로 초청했다. 콘퍼런스에 참석하는 사업가들은 자신의 행동이 올바른지 명확하게 판단하고 콘셉트를 확인하고 확신하고 싶어 한다. 참석자 중 한 명은 마이크를 이렇게 평가했다. "그는 정말 명석한 사람이야. 내게 많은 도움이 되었어!"

이 책에서 마이크가 제시하는 브랜딩 체계, 마케팅 도구, 실행 방안을 사용할 때 너무 단순하거나 아무것도 아닌 것처럼

나다움으로 시작하는 퍼스널 브랜딩

보여도 투덜대지 마라. 당신이 적게 고생하고 더 많이 벌 수 있도록 중요한 요소들을 간결하게 정리하는 것이야말로 진짜 전문가가 하는 일이니 말이다.

기회를 즐기고, 쟁취하고, 이 책에서 최대한 많은 이득을 뽑아내길 바란다!

토드 허먼
멘탈 게임 전략가 및 경기력 향상 코치
『알터 에고 이펙트』 저자

오늘날 한국 사회에서는 유명세를 얻거나 성공하는 사람의 모양이 시시각각 변한다. 교실에 갇혀 있던 강사가 아이돌 못지않은 유명인의 지위를 누리고, 민첩한 손놀림과 전략을 갖춘 e-스포츠 프로게이머는 운동선수보다 더 많은 사랑을 받고 있다. 인플루언서는 개인 플랫폼의 힘을 활용해 상당한 수입을 올릴 뿐 아니라 여행과 모험으로 가득한 삶을 누리고 있다.

소셜 미디어의 부상은 한국의 많은 인플루언서가 퍼스널 브랜딩을 중심으로 성공적인 커리어를 쌓을 수 있도록 트렌드의 판도를 바꿔놓았다. 그들은 패션, 여행, 음식 등 다양한 전문 분야에서 자신만의 목소리와 스타일을 구축해 차별화를 꾀한다. 기성세대는 이들을 단순히 '인플루언서' 또는 '유튜버'로 치부

할지도 모르지만, 브랜드는 이들의 영향력을 인정한다. 인플루언서는 구독자와 신뢰를 쌓고, 브랜드는 이 끈끈한 유대감을 믿고 기꺼이 투자한다.

퍼스널 브랜드를 구축하는 일이 어렵게 느껴질 수도 있지만, 당신은 이미 자신만의 브랜드를 가지고 있다. 소셜 미디어는 사람들이 연결되는 방식에 혁명을 일으켰으며, 혁신적이고 매력적인 방식으로 우리를 내보일 수 있도록 해준다.

전통적으로 집단적 사고방식이 자리 잡았던 한국 문화가 점점 진화하고 있는 현상에 주목하고 싶다. 한국도 서구 문화와 유사하게 개인주의 사회로 전환되고 있으며, 퍼스널 브랜딩이 바로 그 선두에 서 있다.

우리는 퍼스널 브랜딩이라는 개념에 생각보다 더 익숙하다. 이러한 변화는 케이팝 문화에서 분명하게 드러난다. 케이팝 가수들은 그룹으로서 응집력 있는 퍼포먼스를 선보이면서도, 멤버 각자의 고유한 재능과 역할을 발휘한다.

새로운 인식을 형성하고 영향력을 발휘하는 힘이 이제 우리의 손안에 있다. 당신이 강력한 브랜드를 만드는 데서 그치지 말고 브랜드를 구현하는 방법을 스스로 선택해가기를 바란다. 단순히 브랜드를 구축하는 것이 아닌 브랜드 그 자체가 되어라. 세상에 보여주고 싶은 나 자신으로 변신하라.

가면을 쓰거나 다른 사람의 성공 여정을 그대로 따라가라는 말이 아니다. 자신의 강점, 열정, 가치를 인식하고 포용하며 이를 청중에게 효과적으로 전달하라는 말이다.

이 책에서 퍼스널 브랜딩의 뉘앙스를 자세히 살펴볼 것이다. 진정성은 성공적인 브랜딩의 초석이다. 이 변화의 여정에서 브랜드는 자신의 진정한 모습을 비추는 거울이라는 점을 기억하라. 빛을 발할 수 있도록 포용하고 가꾸는 훈련을 하자. 브랜딩의 영역에서 진정성이란 지속적인 영향력과 공감을 불러일으키는 비결이다.

특히 한국 대중문화에서 퍼스널 브랜딩은 자기 홍보를 넘어 더 큰 의미를 가진다. 퍼스널 브랜딩은 자신만의 고유한 가치를 이해하고 표현하며, 진정성을 유지하고 잠재 고객과 깊은 관계를 형성하는 것이다. 개인이든 팝스타든 사업가든 잘 만든 퍼스널 브랜드로 경쟁이 치열한 시장에서 자신을 차별화하고 지속적인 성공의 기반을 마련할 수 있다. 이제 그 여정에 발을 들일 준비가 되었는가? 한번 가보자!

지은이 마이크 김
2024년 1월

사랑하는 조카 하루와 태오야,
너희들은 내 인생에 크나큰 기쁨을 안겨주고,
매순간 살아 있다는 사실을 일깨워주었단다.
빨리 너희들과 함께 디즈니랜드의 괴물 친구들을
보러 갈 날이 오길 바란다.

■

에스더에게,
너 같은 여동생이 있어서 정말 행운이야.
이제 원고를 다 썼으니 함께 와인을 밤새도록 마시자.

■

어머니,
늘 끝없는 사랑과 지지를 보내주셔서 감사드려요.
책에 어머니의 이야기를 많이 담았어요.
어머니가 어떤 분인지 널리 알려지면 좋겠습니다.

■

아버지,
어린 시절부터 제가 읽고 쓰는 일을
사랑할 수 있도록 키워주셔서 감사드려요.

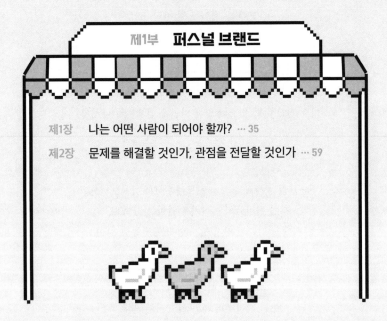

제1부 **퍼스널 브랜드**

제2부 **퍼스널 브랜딩 8P 전략**

마이 스토리

얼마 전 나는 친구에게 퍼스널 브랜딩에 관한 책을 집필하고 있
다고 말했다. 나만의 아이디어, 전문성, 명성과 개성을 드러내
고, 그렇게 구축한 아이덴티티에 기반해 비즈니스를 시작하는
법을 담은 책이었다. 친구는 내게 간단하면서도 도발적인 질문
을 던졌다. "독자들이 네 책을 읽고 어떻게 느꼈으면 좋겠어?"

나는 주저 없이 대답했다. "이런 책이 드디어 나왔구나!"

나는 독자들이 드디어 그들에게 도움이 될 책이 나왔다고 느
끼길 바란다. 큰 실수를 저지르고 뒤늦게 고통스러워하기 전에
목표에 도달하기 위한 단계별 지침을 알게 되길 바란다. 마침
내 성공의 비밀을 알고, 그들이 꿈꾸는 직업과 인생에 다가가
고 있다는 희망에 부풀어 짜릿함을 느끼길 바란다.

나는 이런 책을 찾지 못해 늘 어려움을 겪었다.

2012년 말, 나는 코네티컷주 하트퍼드의 한 교회에서 보낸 4년간의 음악 감독 생활을 정리하고 뉴저지주 피스카타웨이로 돌아갔다. 인생이 다시 시작점으로 돌아왔다. 졸업한 대학에서 몇 분 거리에 있는, 전에 살던 비좁은 아파트로 다시 들어갔는데 다른 점이 딱 하나 있었다. 나이를 네 살이나 더 먹었다는 것. 4년을 허비했다는 뜻이다.

내 인생이 어땠는지 이야기해볼까? 서른네 살. 무직. 아무 계획 없음. 저축한 돈을 동내고 있음. 당황스러울 정도로 많은 빚에 허덕이고 있으며, 아직도 '난 뭘 해 먹고살지?'를 고민하고 있음.

길을 잃은 기분이 들 때마다 늘 그랬듯이 책을 읽기 시작했다. 아주 많이. 책은 언제나 내 인생을 바꿨다. 하지만 인생의 전환점에서는, 특히나 직업적인 면에서는 내게 필요하고 도움이 될 정보를 얻기 힘들었다. 나는 수없이 동네 반스앤노블 서점을 방문하고 '전문가' 코너에서 완전히 새로운 일을 시작하는 법을 담은 책을 찾았다.

하지만 헛짓이었다. 내가 처한 상황에 꼭 들어맞는 책은 찾을 수 없었다.

물론 리처드 볼스의 『나를 명품으로 만들어라』(북플래너, 2007)와 같이 새로운 직업을 찾는 법에 관한 책들은 있었다. 몇 년씩 꾸준히 팔리는 책들이었다. 하지만 이런 책으로는 충분하지 않았다. 나는 새로운 직업을 찾는 게 아니었다. 내 사업을 하고 싶었다. 내가 어떤 사람인지, 인생에서 바라는 것이 무엇인지를 보여주는 '나만의' 사업 말이다.

도리 클라크의 『당신을 재창조하라Reinventing You』 같은 책처럼 내 꿈을 밀어붙이도록 격려하는 책도 몇몇 있었다. 하지만 내가 정말 원했던 것은 해야 할 일을 어디에서 배울 수 있을지, 그것을 어떻게 해야 할지를 정확하게 알려주는 책이었다. 물론 반스앤노블 서가에 줄지어 꽂힌 책의 저자들이 자기 사업체를 일군 전문가라는 사실은 부정하지 않겠다.

책을 사들일 때마다 좌절감이 커졌다. 책은 "당신이 해결하려는 문제가 무엇인지 결정하고, 고객을 찾아 나서라"라고 말했다. 하지만 말이 쉽지, 어떻게 그렇게 할 수 있는지 알려주는 탄탄한 사례는 보여주지 않아서 짜증이 났다. (어째서 책에는 "처음부터 다시 시작한다면, 이렇게 메일을 보내라"라는 말은 없을까?)

카피라이터들은 너무 광범위한 원칙을 다루거나, 괄호 채우기 양식을 곧잘 제시했다. 내 상황에 실제로 적용하기에는 어려움이 있는 것들이었다. 특히 자기 계발 도서들이 "몇 년 후 어떤 사람이 되고 싶은지 그려보라!"라고 이야기하면서 실질적인 방법은 분명하게 제시하지 못하는 게 너무 싫었다.

그 시절 나에게는 더 이상의 확신이 필요하지 않았다. 영감

나다움으로 시작하는 퍼스널 브랜딩

도 필요 없었다. 내가 알고 싶었던 건 그저 단계별로 어떤 일을 하고, 무엇을 소구해야 하는지였다. 따라서 '더미를 위한 시리즈'(시그마북스)라는 노란색 책을 좋아하게 된 것도 별로 놀랍지 않다. 이 시리즈는 한 가지 주제를 단순하고 논리적인 방식으로 설명해주었다.

내가 찾는 것은 자기 계발(내가 어떤 사람인지), 사업 계발(내가 무엇을 제안해야 하는지), 마케팅(사람들을 설득해서 행동을 촉구하는 기술)이 합쳐진 청사진이었다.

자, 이쯤에서 잠시 화제를 돌려 내가 어떻게 나만의 전문 분야 사업을 시작하고 싶다고 생각하게 됐는지 말하고 싶다.

대학을 졸업하고 몇 가지 직업을 전전한 뒤, 나는 하트퍼드 인근의 한 교회에서 음악 감독 자리를 얻었다. 매주 진행되는 음악 관련 업무를 관리하고, 자원봉사 연주자를 모집하고, 리허설을 진행하고, 신도들이 좋아할 만한 음악을 작곡하는 일이었다.

당시 나는 잘 알지 못했지만, 부지불식간에 모든 일에 마케팅 원리를 적용했다. 내가 하는 일은 '자유로운 영혼을 지닌' 음악가를 모집하고, 누구나 따라 부를 수 있는 쉬운 음악을 작곡하고, 각종 행사에서 성가대를 지휘하고, 우리가 발매한 앨범을 홍보하는 일 등 모두 마케팅이 수반되는 작업이었다.

나는 음악 레슨을 받은 적이 없다. 어린 시절 피아노를 몇 년 배운 것 말고는 곡이 어떻게 이루어지는지 전혀 알지 못했다. 다행히 재주는 조금 있었다.

대학에서 음악 이론 수업을 들었을 때 나는 충격을 받지 않을 수 없었다. 그 수업에서 장조와 단조를 배우고 음계와 박자를 익혔는데 그야말로 머릿속이 터져 나갈 지경이었다. 음악은 순수한 예술인 줄 알았는데, 실제로 음악을 만들려면 과학과 방법론을 배워야 했다. 음악이 수학과 비슷하다는 사실이 너무나 놀라웠다(형식과 구조 면에서 음악은 복제가 가능하다. 그렇지만 음악은 여전히 예술이다). 음악은 마음을 울리는 수학이었다. 이는 마케팅과도 무척이나 비슷했다.

몇 년 후 나는 예기치 못하게 직업을 바꿨다(나중에 더 자세하게 말하겠다). 짧게 말해, 음악 감독 자리를 사임하고 뉴저지로 돌아와 고등학생을 대상으로 하는 입시 학원(20대 초반에 일했던 곳이다)에서 파트타임 강사 자리를 얻었다.

어느 날 퇴근을 하려고 하는데 상사가 나를 불렀다. "마이크, 잠깐 시간 좀 내줄 수 있어요? 우리 학원 광고 좀 같이 봐줘요."

광고를 보고 나는 이렇게 평했다. "사실 디자인이 별로예요. 학원에서 학생들이 무엇을 배울 수 있는지 분명하게 드러나지도 않고요. 글씨도 더 키워야 하고, 메시지가 감춰져 있어요. 무엇보다도 학원에 등록했을 때 어떤 가치를 가져다주는지 제대로 소구되지 않았어요."

상사는 깜짝 놀랐다. 내가 이런 일을 잘 안다고 생각하지 않은 탓이다. 사실이었다. 나는 마케팅을 '공식적으로는' 잘 알지 못했다. 하지만 본능적으로 알았다.

그가 잠시 굳었다가 내게 앉으라고 말했다. 이어진 말은 내 인생을 바꾸었다. "마이크, 당신이 우리 회사 마케팅을 담당하면 좋겠어요. 연봉은 얼마가 좋을까요?"

0.000001초 정도 놀라긴 했지만, 나는 불쑥 숫자를 언급하고 (큰 숫자였다) 기왕이면 마케팅 총괄 책임자 자리를 달라고 말했다. 그렇게 나는 마케팅 총괄 책임자가 되었다.

마케팅 수업을 받은 적이 없었기에 시중에 나와 있는 마케팅 책을 모조리 읽었다. 특히 카피라이팅에 관한 책을 많이 봤다. 존 케이플스, 데이비드 오길비, 유진 슈워츠 등 광고업계의 황금시대에 쓰인 고전을 모조리 읽었다.

나에게 가장 큰 영향을 준 책은 마케팅의 고전인 데이비드 오길비의 『광고 불변의 법칙』(거름, 2004)이었다.

이 책을 읽고 나는 스스로 알아차리지 못한 사이에 계속 마케팅을 하고 있었음을 깨달았다. 교회에서 콘퍼런스를 주재하고, 앨범을 홍보하고, 자원봉사자들에게 오케스트라 입단을 설득하는 그 모든 순간이 마케팅 훈련이었다.

책에서 배운 내용을 학원 홍보에 활용했더니 첫해에 수익이 급격히 증가했다. 그것만으로도 꽤 좋은 성과였다. 하지만 나는 그 이상을 원했다. 이 직업에서 저 직업으로 갈아타려고 뉴저지로 돌아온 것이 아니었다. 내가 바라던 건 자유였다. 내 아이디어로 세상에 선한 영향을 미치기를 바랐다. 내가 좋아하고 옳다고 믿는 일을 하고 싶었다. 정말 솔직하게 말해서, 다시는 사무실에서 일하거나 통근 생활을 하고 싶지 않았다. 결단코!

광고업계 황금시대의 책들은 공식적인 마케팅 방식을 알려주었지만, '1인 기업가'가 될 준비를 하는 데는 부족했다. 그 당시 1인 기업가는 존재하지 않았기 때문이다. 하지만 내가 정말 되고 싶은 건 1인 기업가였다.

계속 공부를 하면서 나는 마이클 하얏트, 레이 에드워즈, 에이미 포터필드, 팻 플린 같은 현대의 마케터와 1인 기업가들을 알게 되었다. 나는 최고들(이 중에서 몇 사람과는 친구가 되었다)에게서 배우기를 주저하지 않았다. 그리고 이들에게는 아이디어 이상의 무언가가 있음을 깨달았다.

당연히 이들 사이에도 차이점은 있었다. 마이클은 전직 CEO였고, 레이는 라디오 호스트였으며, 에이미는 토니 로빈스의 개인적인 멘토였고, 팻은 전직 건축가였다. 하지만 이들 모두에게는 시장에 통하는, 보이지 않는 무언가가 있었다.

그렇다면 이들이 공통적으로 지닌 건 대체 무엇이었을까?

그 답을 알면 꽤 위로가 될 것이다. 이들은 자기만의 아이디어, 전문성, 명성, 개성을 중심으로 개인 사업체를 꾸렸다. 이

나다움으로 시작하는 퍼스널 브랜딩

모든 요소가 혼합되어 흉내 낼 수 없는 독창성을 만들어냈다. 이들이 내세운 것은 바로 '자신만의 독창성'이었다.

나는 이것을 최근에 깨달았다. 가수 테일러 스위프트의 신인 시절 매니저였던 릭 바커를 인터뷰할 때였다. 전 세계적인 스타가 되기 전, 테일러는 그저 재능 있는 평범한 친구였다. 오디션에서 그녀를 처음 봤을 때 어떤 점이 눈에 띄었느냐고 물었더니 릭은 이렇게 대답했다. "그녀에게는 보이지 않는 무언가가 있었지."

좋은 소식은 누구나 고유한 무언가를 지녔다는 사실이다. 누군가는 신체적인 매력을 지니고 있다. 또 누군가에게는 지적인 매력이 있다. 그 고유성이 기술, 태도, 성격적 특성과 관련되기도 한다. 그래서 각자 좋아하는 배우나 야구 선수가 다 다르다. 누군가는 케이티 페리보다 테일러 스위프트를 좋아한다. 그들의 음악을 넘어선 '무언가'를 보고 선택한 결과다. 세계에서 가장 연기를 잘하는 배우, 가장 멋진 음악을 하는 가수라는 타이틀은 중요하지 않다. 그보다 '그들이 어떤 사람인지'가 더 중요하다. 이것이 바로 '브랜드'다.

지금까지 이야기한 내용에서 고려해야 할 중요한 한 가지가 있다. 배우, 운동선수, 팝스타는 팬에게서 직접 이득을 얻지 않는다. 이들은 자신이 속한 프로덕션, 레코드 회사 혹은 팀으로부터 이득을 얻는다.

하지만 우리는 우리가 서비스를 제공하는 사람들, 즉 고객이나 의뢰인에게서 직접 이득을 취한다. 그래서 우리가 비즈니스를 할 때는 추가로 고려해야 할 일들이 생겨난다.

본인만의 사업체를 꾸리고 퍼스널 브랜딩을 하고 싶다면, 수익이 높고 성취감을 느낄 수 있는 사업을 해야 한다. 그래야 사람들의 삶을 바꾸는 동시에 본인의 삶도 바꿀 수 있다. 나는 이것이 가장 멋진 삶의 방식 중 하나라고 믿는다.

그래서 나는 수년간 나 자신은 물론이고, 다른 사람들을 위해 퍼스널 브랜딩 비즈니스를 하면서 수없이 시험하고 수정하고 개선하면서 얻은 방법론, 이전에 내가 찾아 헤맸던 그 방법론을 담은 책을 쓰게 되었다.

또 한 가지, 이 책은 이미지에 관한 이야기가 아니다.

그보다는 당신이 지닌 아이디어, 전문성, 명성, 개성을 중심으로 사람들과 관계를 맺고 비즈니스를 구축하는 방법에 관한 책이다. 마케팅은 판매하는 일이 아니라 사람들과 관계를 맺는 일이다. 이미지를 꾸며내 상대를 낚는 것이 아니라 진정한 모습을 보여 잠재 고객과 사업 파트너의 호감을 사야 한다.

깊이 파고들어 자신만의 아이덴티티를 지닌 퍼스널 브랜드를 만들자. 내가 이 책에서 말하고자 하는 바가 바로 이것이다. 나는 당신이 어떤 사람인지, 무엇을 제공할 수 있는지, 아이디어를 어떻게 시장에 내놓을지를 스스로 깨닫도록 도울 것이다.

이 일은 당신 자신의 몫이다. '좋았어, 모든 것을 완벽하게 파악하고 완전히 준비되면 시작해야지'라고 생각하기 쉽다. 그러지 말자. 내가 안내자가 되어 당신이 이 일을 시작하도록 청할 것이다. 몇 주, 몇 달 또는 몇 년 후에도 당신은 이 책을 계속 참고하게 될 것이다. 그렇게 되길 진심으로 바란다.

내가 이 책에서 소개하는 방법은 청사진일 뿐이다. 어떤 건축가도 청사진을 딱 한 번 보고 고층 건물을 짓지는 않는다. 전체 프로젝트를 진행하면서 건물이 제대로 지어지고 있는지 확인하려면 청사진을 계속 들여다봐야 한다. 당신이 이 책을 청사진처럼 거듭 보길 바란다.

이제 시작할 차례다. 애를 쓰면 쓸수록 자기 자신을 더 많이 알게 된다. 이 책을 읽으면서 크게 숨을 들이마시고 이렇게 생각하길 바란다. "드디어 나왔구나! 이게 바로 내가 찾던 책이야! 나도 이렇게 할 수 있어!"

> 유아더브랜드북닷컴(YouAreTheBrandBook.com)에 방문하면 이 책을 읽는 방법을 비롯해, 참고할 만한 서식, 광고 견본, 세일즈 레터 등을 무료로 내려받을 수 있다.

제1부

퍼스널 브랜드

제1장

나는 어떤 사람이 되어야 할까?

인터넷이 발명된 지 얼마 되지 않았을 때 나는 아직 고등학생이었다. 그때는 AOL(America Online, 인터넷 통신 서비스 기업)과 넷스케이프가 대유행이었다. 아직도 가끔은 채팅방에서 낯모르는 사람들과 대화하고, 블로그를 읽고, 친구들과 AOL 인스턴트 메신저(이하 AIM)를 주고받던 일이 기억난다.

AIM은 메신저 프로그램으로, 현재 대부분의 SNS에서 볼 수 있는 다이렉트 메시지의 전신이라고 할 수 있다. 어느 해 여름에는 친구들 모두가 AIM 버그에 걸린 것 같았다. 내가 아는 모든 사람이 AIM 계정을 가지고 있었고, 그 무리에서 낙오되면 안 된다는 공포가 나를 크게 덮쳤다. AIM이야말로 내가 있어야 할 곳이었다.

나는 AOL 소프트웨어와 무료 체험 이용권이 포함된 공짜 플로피디스크를 받으려고 가족들의 메일 계정을 삭삭 긁어모았다. 우리 집 전화선은 늘 '통화 중' 상태였다. 내가 달팽이처럼 느린 모뎀으로 AIM에서 벌어지는 파티에 참석하려고 컴퓨터 앞에 계속 달라붙어 있었기 때문이다.

한번은 소프트웨어를 설치하다가 모니터에 뜬 문구를 보고 얼어붙었다.

새 대화명을 만드세요.

웃기게 들릴 수도 있지만, 닉네임을 생각하느라 고민한 사람이 나뿐만은 아닐 것이다.

정신을 차리고 30분 정도 모니터를 노려보며 유머 감각을 끌어모으려고 애를 썼다. 그야말로 '쿨'한 대화명을 지어야 했다. 친구들에게 멋지다는 말을 듣고 싶었다. 좀 더 솔직하게 말하자면 여학생들에게 "마이크 귀엽지 않아? 재미있기도 하고. 한번 만나보고 싶어!"라는 반응을 얻고 싶었다.

영겁과 같은 시간이 흐른 후, 나는 완벽한 대화명을 만들었다. 강력하고 남성미가 돋보이는 대화명이었다. 게다가 독특하기까지! 무척 영리한 말장난이었으며 곧 데이트하자는 메시지가 우르르 쏟아질 게 분명했다. 내 AIM 대화명은 바로… 마이코비치*Mikovitch*였다! (그만 웃어라.)

물론 내가 상상한 일은 일어나지 않았다. 아니, 오히려 역효과가 났다. 내 친구들 모두가 듣도 보도 못한 바보 같은 대화명이라고 평했다. 친구 한 명이 내게 러시아 사람처럼 보이고 싶냐고 물었고, 친구들은 나와 마주치면 거수경례를 하며 이렇게 소리쳤다. "안녕하십니까, 마이코비치 동무!"

이 굴욕의 대미는 내가 좋아하던 여자애가 내게 더 나은 대화명을 선사하면서 마무리되었다. 마이코비치*Mikobitch*. 그 애가 나를 보고 낄낄대던 모습이 아직도 눈앞에 선하다.

인터넷이 보편화되면서 사람들은 온라인상에서 자기를 어떻게 보여줄지에 집착하고 있다. 우리는 좋은 인상을 주고 싶어 한다. 사람들이 나를 좋아해주길 바란다. 마케팅 용어로 바꿔 말하자면, 브랜드를 구축하고 싶어 한다.

'브랜딩Branding'이라는 말은 옛날 목장에서 기르던 가축에게 불에 달군 인두로 인장을 찍어 가축의 소유자를 표시하는 풍습에서 온 말이다. 이후 비즈니스 및 마케팅 분야에서 기업이 특정한 상표로 자사의 제품을 구별하는 행위를 가리킬 때 이 용어를 사용하기 시작했다.

현대 마케팅의 아버지라고 불리는 1700년대 영국의 도자기 업자 조사이아 웨지우드는 브랜드를 이용해 대규모 소매업을 시작한 최초의 인물이다. 조지 3세의 아내인 샬럿 왕비가 주최한 대회에서 우승한 웨지우드는 자사 도기에 '퀸즈웨어Queen's Ware'라는 애칭을 붙이고 런던에 부유층을 대상으로 한 거대한 쇼룸을 열어 '환불 보장' 및 '무료 배송'이라는 선구적인 판매 기법을 시도했다.

대상이 가축이든 도자기든 간에, 그리고 우리가 온라인상에서 자신을 내보이는 방식이 어떻든 간에 브랜딩은 정체성을 드러내는 일이다. 퍼스널 브랜딩은 개인의 아이디어, 전문성, 명성, 개성을 포괄하여 브랜드로 만드는 일이다. 우리는 자신을 표현하려는 의도를 가지고 공개적으로 드러낼 아이덴티티를 만든다.

AIM과 함께한 청소년기에 나의 목표는 쿨하게 보이는 것이었다. 요즘과 다를 바 없지 않은가? 사람들은 팟캐스트, 블로그는 물론, 소셜 미디어(이하 SNS) 등을 통해 세상에 자신을 드러내고 있다(거의 온종일 붙어 있다). 우리는 더 많은 팔로워를 모으고, 더 많이 주목받고, 더 나아가 돈까지 벌고 싶어 한다.

하지만 지금까지는 잘못된 방법이 판을 쳤다. 이 과오가 우리의 발목을 잡고 있다. 사람들은 실시간으로 유입되는 노이즈에 질렸다. 온라인 갑부들이 내미는 공허한 약속에 지쳤다. 이미지도 물린다. 진정성 없는 위선자들에게 진력이 났다.

많은 퍼스널 브랜드가 두 가지 방식으로 끝장난다. 첫 번째는 가짜 이미지를 파는 방식이다. 결과를 미리 생각하고 이미

나다움으로 시작하는 퍼스널 브랜딩

지를 만들어낸다는 말이다. 이런 사람들의 관심이 영원하지 않고 일시적이라는 것을 쉽게 깨닫지 못한다(제발 에어비앤비에 보정한 집 사진을 올리고 실제 자기 집인 것처럼 말하지 마라).

두 번째는 진정성이라는 명목하에 정보를 과하게 노출하는 방식이다. 사람들은 자기 이야기를 끊임없이 하고, 이따금 읽기에 편하지 않은 정보까지 과도하게 드러낸다. 가끔은 자신이 겪는 고통을 팔려고 애쓰는 것 같기도 한데, 이런 일은 오래가지 못한다. 길에서 갑자기 교통사고가 났을 때처럼 잠시 주목을 끌긴 하겠지만, 지속성은 짧다.

이제 우리가 할 일은 무엇일까? 스스로 점검해볼 수 있는 간단한 질문을 하나 하겠다. "과연 나는 모닥불 같은 사람인가?" 당신 주변에는 온기가 있는가? 사람들이 자연스럽게 끌리고 다가오도록 장치를 구축했는가? 이를 중심으로 커뮤니티를 만들 수 있는가? 당신은 사람들이 강연에, 자기 회사의 직원 앞에, 자기 인생에 초대하고 싶어 할 만한 사람인가?

누구나 이미 브랜드를 가지고 있다
그러니 더 나은 브랜드가 되어야 한다

당신도 나도 이미 브랜드를 가지고 있다. 우리는 대화하는 상대에 따라 다양한 아이덴티티를 가진다. 직장에서의 나와 집에서의 나, 절친한 친구와 있을 때 나의 모습이 각각 다르다고 느껴본 적 없는가? 만약 그렇게 느꼈다면, 그건 당신이 속한 집단에 따라 각기 다른 아이덴티티를 지니고 있기 때문이다.

친구들이 아는 나와 동료들이 아는 나는 다르다. 친구들은 직장에서 내가 어떤 사람인지 거의 알지 못한다. 그럼에도 직장에서든 집에서든 나는 여전히 나다.

하지만 자신을 중심으로 한 비즈니스, 즉 퍼스널 브랜드를 구축하려고 한다면 무언가가 달라야 한다. 비즈니스는 자기 안에서 최상의 것을 끌어내는 방식이자, 자신의 가장 거친 면모들을 드러내는 일이다.

좀 더 명확하게 말하자면 브랜드란 '세우는' 것이 아니다. 당신이 브랜드 자체가 되어야 한다. 스스로가 사람들에게 팔고 싶은 사람 또는 상품이 되도록 노력하고 진정성을 가져라. 지름길은 없다.

나 자신을 브랜드로 만드는 동안 내 인생에는 깊이 탐구해야 할 문제들이 생겨났다. 아직도 완벽한 답을 찾지 못했다. 하지만 사람들을 불러 모으기 위해 따뜻한 모닥불을 놓는 과정은 내가 더욱 건강해지고 성공할 수 있게 도와주었다. 나 자신을 더 열심히 탐구할수록 수익이 늘어났고, 그럴수록 돈에 덜 신경 쓰게 되었다. 이것이 바로 진정성이 아닐까?

내면을 더 탐구해야 한다는 말이 뜬금없게 느껴질 수도 있다. 하지만 퍼스널 브랜딩에 성공하려면 나답지 못한 모습을 직시해야 한다. 그런 노력 없이 이 여정은 오래갈 수 없다.

나와 맞지 않는 일을 하고 살기에 인생은 너무 짧다

"당신은 퍼스널 브랜딩을 어떻게 배웠습니까?"라는 질문을 받으면 나는 이렇게 대답한다. 나답지 않은 모습에 맞서 싸우고, 자신에 대한 존중을 인생의 가치로 삼으라고. 나는 이것을 2009년에 처음 경험했다.

그해 아버지의 날, 나는 로스 목사님을 만나러 신자가 1만 명이 넘는 콜로라도의 한 교회로 날아갔다. 당시 나는 서른 살이었고, 중형 교회에서 음악 감독으로 재직한 지 18개월째였다.

내가 로스를 만나러 간 이유는 나와 같은 일을 더 오래한 전문가에게 조언을 받고 싶어서였다. 그는 그가 주재하는 콘퍼런스에 나를 초대했고, 행사 전에는 따로 시간을 내주기까지 했다. 로스의 사무실로 들어선 나는 깜짝 놀랐다. 그는 산꼭대기에 있었다. 이는 그의 영향력을 비유한 표현이기도 하지만 문자 그대로 그의 등 뒤에 있는 창문 밖으로 로키산맥이 선명하게 펼쳐져 있었다.

로스는 나에게 아낌없는 조언을 줬지만, 그날 오후 호텔로 돌아오면서 예기치 못한 일이 일어났다. 마음속에 퍼뜩 한 물음이 떠올랐고, 이 물음이 내 인생을 영원히 바꿔놓았다. '이대로 간다면 15년 후 나는 그와 같은 인생을 살고 있겠지. 그게 내가 바라는 건가?'

대답은 "전혀 아니다"였다.

1톤짜리 바위에 머리를 얻어맞은 듯했다. 나는 지금 올라가고 있는 산꼭대기에 먼저 도달한 사람을 만나고 나서야 깨달았다. 내가 잘못된 산을 오르고 있었구나! 매주 일요일에 30분씩 항상 같은 자리에서 같은 단원들을 지휘하는 일이 내 소명이라고는 말할 수 없었다. 나는 나를 진정으로 존중하는 삶을 살고 있지 않았다. 그리고 마침내 깨달았다. 나와 맞지 않는 일을 하고 살기에 인생은 너무 짧다는 사실을!

내 인생이 완벽하게 의도하지 않은 길로 고꾸라지고 있다는 걸 그때까지는 전혀 모르고 있었다.

▌인생은 고속도로일까, 비포장도로일까?

전통적인 직업관에 따르면 인생은 고속도로, 못해도 성공을 향해 사다리를 오르는 일과 같다. 쉽게 말해 사람들은 커브나 장애물이 거의 없이 대부분의 길이 쭉 뻗어 있으리라고 여긴다. 대학을 나오고, 일자리를 구하고, 그다음에는 뭘 할 수 있을까 고민하면서 사다리를 올라간다.

그러나 실제 인생은 일직선이 아니다. 불행히도 대부분은 이 간단한 사실을 직면할 준비가 되어 있지 않다.

사회는(그리고 가수 래스컬 플래츠는) "인생은 고속도로Life is a Highway"라고 노래하지만, 실제 인생은 비포장도로에 더 가깝다. 나는 운전을 제법 잘하지만, 오프로더를 끌고 비포장도로를 운전해 정글을 헤쳐 나가는 일은 없을 것이다. 비포장도로를 달리기 위해서는 완전히 다른 운전 기술이 필요하기 때문이다. 자신이 바라는 인생을 만들어가는 일 역시 이와 마찬가지다. 학교를 졸업하고 나면, 누구도 우리에게 어떤 책을 읽어야 하는지, 인생의 다음 단계로 나아가기 위해 무엇을 해야 하는지 말해주지 않는다. 스스로 해결하고자 하는 바로 그 순간 '비교'라는 잔인한 함정에 걸리고야 만다.

당신 역시 나처럼 다른 사람을 쳐다보면서 그들의 길이 넓은지 좁은지 추측할 수도 있다. 그럴 때 자신이 서 있는 길은 마치 울퉁불퉁한 자갈길처럼 보일 것이다. 내비게이션 앱을 켜서 뉴욕시에서 샌프란시스코로 가는 길을 찾아보라. 미국을 짧게 직선으로 가로지르는 경로가 보일 것이다. 하지만 출발 지점을 확대해보면, 뉴욕시를 빠져나가는 길만 해도 가장 싫어하는 정치가만큼이나 짜증날 것이다.

언젠가 인터넷에 이 같은 말이 떠돈 적이 있다. "다른 사람의 하이라이트 장면과 당신의 비하인드 장면을 비교하지 마라."

자, 우리는 어디에서부터 시작할까?

자기 고유의 전문성 규정하기

가장 먼저 나를 파악하기 위해 직장에서 한 일을 쭉 나열해보았다. 20대 중반, 음악 감독 일을 하기 전에 대학 입시 학원에서 고등학생을 가르친 적이 있다(몇 년 후 나는 이 학원에 돌아가 마케팅 총괄 책임자로 승진한다).

내가 여러 직업을 거치면서 한 업무들은 다음과 같다.

1. 고등학생 가르치기
2. 교회에서 연설하기
3. 음악 작곡하기
4. 교회 찬양 팀 봉사자들과 회의 주재하기
5. 함께 녹음한 앨범 홍보하기
6. 교회 행사 주최하기

그 순간 깨달았다. 내가 해야 했던 모든 일에서 각 문장의 첫머리가 잘못되어 있었다.

1. 고등학생 가르치기
2. 교회에서 연설하기
3. 음악 작곡하기
4. 교회 찬양 팀 봉사자들과 회의 주재하기
5. 함께 녹음한 앨범 홍보하기
6. 교회 행사 주최하기

노트에 쓰인 글씨들이 나를 빤히 바라보고 있었다. 나의 다른 면모가 보이는 것 같았다. 더 정확하게 말하자면 처음으로 나의 모습을 제대로 보았다고 할 수 있겠다. 우리는 무척이나 많은 시간을 진정한 자신의 모습보다는 회사, 단체, 역할 속 '누군가'의 모습으로 보낸다. 자기 고유의 전문성을 보지 못한다. "난 선생님이야!" "난 강연가야!" "난 작가야!" "난 리더야!" "난 마케터야!" "난 콘퍼런스 주최자야!" 이 같은 주문呪文은 자신과 대화를 처음 시작할 때 늘 등장하는 단골 멘트다.

자신을 바꾸려면 외부에 하는 이야기만큼이나 스스로에게 들려주는 이야기를 바꾸려는 노력이 중요하다.

그때는 미처 알지 못했지만, 나는 나 자신을 리브랜딩하고 있었다. 현재의 삶과 아직 살아보지 못한 삶 사이에서 괴로워하고 있다면, 뒤늦은 후회와 자기 의심, 좌절감이 무겁게 짓누르는 기분이 든다면 좋은 기회다. 정상이다, 친구여.

자신에게 스스로 악플을 달고 있는가? 그렇다면 자신의 가장 열렬한 팬이 되는 방법을 배워야 할 때다. 스스로를 친절하게 대하라. 그리고 내가 한 것처럼 지금까지 해온 일을 돌아보고 자신의 전문성을 규정하라. 그러면 놀라운 일을 겪게 될 것이다.

지금이 침묵하기에 가장 좋은 때

어떤 사업을 시작하고 싶은지 아직 몰라도 괜찮다. 당신이 앞으로 나아가기 위해 지금 당장 할 수 있는 실용적인 일이 있으니까. 바로 SNS에서 침묵을 지키는 일이다.

오해하지 마라. SNS 계정을 완전히 닫으라는 말은 아니다. 현재나 과거의 직업과 관련된 일을 공개적으로 시시콜콜하게 업데이트하지 말라는 말이다. 직장에서 어떤 하루를 보냈는지, 사무실에서 무슨 일을 했는지, 통근 시간이 얼마나 지겨운지 같은 게시글도 없애라. 사람들(그리고 자신)의 마음속에 공간을 만들고, 당신의 삶을 새로 쓰기 위해서다.

나다움으로 시작하는 퍼스널 브랜딩

엔터테인먼트 산업에서는 이런 일이 비일비재하게 일어난다. 영화배우 스티브 카렐은 시트콤 《오피스》의 마이클 스콧 역할로 유명하다. 카렐은 자신을 새로이 만들고자 《오피스》에서 하차하고(《오피스》는 이후로도 수년간 방영되었다) 영화에서 진지한 역할을 맡기 시작했다. 오래 지나지 않아 그는 어두운 범죄 영화 《폭스캐처》에서 명연기를 펼쳐 아카데미상 후보로 지명되었다. 영화배우로서 자리를 잡는 동안 코미디언 역할을 계속하는 것은 카렐에게 합리적이지 않았을 것이다. 카렐은 정극 배우로서의 자신과 《오피스》의 코미디 배우로서 자신의 모습 사이에 공간을 만들고 거리를 벌려 마침내 대중의 인식을 바꾸었다. 당신도 이렇게 해야 한다.

당신이 자주 애용하는 SNS에 들어가 최근 30일간 올린 게시물을 검토하라. 그 게시물들이 당신이 진입하려는 분야에서 당신의 전문성을 보여주고 있는가? 아니면 그저 회사 일, 음식 사진, 정치적 견해를 담은 게시물뿐인가? 뭐, 이런 게시물이 잘못된 것은 아니다. 다만 방향을 전환하는 데 도움이 되지 않을 뿐이다.

마지막으로 이 문장을 한 번 더 읽고 다음 장으로 넘어가라.

잠시 침묵을 지키고, 당신에게 필요한 공간을 만들어라.

들어갈 수 있는 시장은 세 가지다

공간을 만들었다면 이제 어떤 시장에 진입하고 싶은지 생각해야 한다. 시장은 크게 건강, 부富, 인간관계 세 분야로 나뉜다. 이 중에서 자신이 어느 시장에 들어갈 수 있을지 생각하라. 이와 관련해 인상적인 표현을 들은 적이 있다. "인간은 돈을 벌거나 결혼하거나 영원히 살기를 바란다." 재밌지 않은가.

이 세 가지 분야는 따로 설명이 필요 없다. 파워 90 익스트림 홈트레이닝 프로그램을 만든 토니 호턴은 건강 산업 분야에 속해 있다. 몇 년 전 마케팅 일로 토니의 집에서 그와 함께 이틀 동안 일을 했는데, 그때 그가 얼마나 사람들의 건강에 진심인지 알 수 있었다. 내 친구 크리스티나 호이어는 마인드셋 및 웰니스 코치로, 내 영양 상태를 회복하는 데 큰 도움을 주었다. 당신이 명상, 요가, 영성, 기능 의학, 카이로프랙틱 또는 라이프스타일 코칭 분야에서 전문성을 가지고 사람들을 돕고 싶다면 건강 분야가 적합할 것이다.

비즈니스 코치이자 마케팅 컨설턴트인 나의 일은 부富 분야에 해당한다. 나는 기업이나 개인이 더 많은 돈을 벌도록 돕는다. 커리어 코치나 리더십 코치들은 대개 이 분야에 적합하다. 고객이 직장에서 더 나은 성과를 내고 승진을 하고 더 많은 돈을 벌길 바라기 때문이다.

나다움으로 시작하는 퍼스널 브랜딩

당신이 부부생활 상담사, 데이트 코치, 가족 상담사 등과 비슷한 일을 하고 있다면, 인간관계 분야에 속할 수 있다. 내 친구 수지 밀러는 고위직 임원들의 인간관계 코칭을 전담한다. 전 고객인 미셸 디어링 박사는 엄마와 딸의 관계를 주제로 강연한다. 우리 삶은 인간관계가 거의 전부이므로, 이 분야는 틀림없이 거대한 시장이다.

어쩌면 평생 일해야 하는데, 분야를 좁히는 게 불안할 수도 있다. 하지만 장담하건대, 방향은 언제든 돌릴 수 있다. 샬레인 존슨은 헬스 트레이너로 일하면서 자신의 브랜드를 온라인 비즈니스 코칭 분야로 확장했다. 즉, 건강에서 부로 분야를 바꿨다. 내 친구 자말 밀러는 젊은 미혼을 위한 관계 코칭 회원제 사이트에서 일을 시작하고 훗날 다양한 회사의 디지털 마케팅까지 손을 뻗었다. 자말은 인간관계에서 부로 사업 영역을 이동했다.

삶의 주요 터닝 포인트를 설명할 때 나는 '방향을 돌린다'라는 단어를 사용했다. 여기에는 이유가 있다. 고등학생 시절에 농구를 즐겨 했는데, 키가 커서 늘 골대 근처에서 공을 낚아챈 다음, 몸을 돌려 공을 집어 넣거나 패스하기 쉬운 자리를 맡았다. 나는 몸의 방향을 빠르게 돌리기 위해 축이 되는 발을 땅에 단단히 붙이는 연습을 무척이나 많이 했다. 실제 경기에서는 다음 동작을 미리 예측할 수 없어 상황을 미리 파악해야 했기 때문이다.

사업 역시 마찬가지다. 나중에 방향을 돌릴 수 있으려면, 먼저 기본적으로 발을 단단히 땅에 붙여야 한다. 그래야 나중에 방향을 바꾸기로 결심했을 때 힘을 받아 움직일 수 있다. 먼저 건강, 부, 인간관계 중 어떤 시장에 들어갈지 생각하라. 나중에 언제든지 방향을 돌릴 수 있다.

퍼스널 브랜드를 구축하는 8단계

사업을 시작했을 때 이제 막 시작한 비즈니스와 브랜드라는 개별적인 조각을 하나로 묶는 일이 가장 힘들었다. 강연, 블로그 운영, 판매, 팟캐스트 등의 과정을 어떻게 묶을지, 또 어떤 작업을 먼저 해야 할지 도무지 알 수 없었다. 마치 인체 조각을 모아 인간을 만든 프랑켄슈타인 박사가 되어 무작위적 마케팅 행위들을 조각조각 모으는 기분이 들었다. 그것이 내가 꿈꾸는 비즈니스와 삶을 일궈주길 희망하면서 말이다. 그 결과 나는 괴물을 만들어내기에 이르렀다. 비용은 무지막지하게 들였으나 하나로 합쳐지지 않고 수익도 전혀 내지 못하는 괴물을.

나는 이 책에서 퍼스널 브랜딩 청사진이라고 불리는 8단계 기본 틀을 제시한다. 이 청사진은 온전히 나 혼자 만들었다고

나다움으로 시작하는 퍼스널 브랜딩

할 수 없다. 고객들과 함께한 지난 7년간의 여정을 통해 자연스레 터득한 틀이다.

이 청사진의 핵심은 한 단계 위에 다른 단계가 세워져 총 8단계가 된다는 점이다. 전 단계를 분명하게 세우지 않으면, 그 뒤의 모든 단계가 무너지고 만다. 단계 하나하나가 전화번호 숫자라고 생각하라. 제대로 된 전화번호를 가지고 있어도 제자리에 옳은 번호를 누르지 않으면 전화가 연결되지 않는다.

이제부터 각 장에서 한 단계씩 깊이 있게 살펴볼 것이다. 그 전에 먼저 전체를 간단하게 살펴보자.

1. 관점Point of View

승산이 있는 곳, 우리의 메시지와 브랜드가 생겨날 자리는 딱 한 곳, 바로 자신의 핵심 가치다. 이 장에서 자신의 내면에 있는 것을 끌어낼 간단한 질문 세 가지에 답할 것이다. 이를 통해 수많은 노이즈를 뚫고 나아가는 명확한 관점을 세울 수 있다. 자신의 핵심 가치를 중심으로 재능을 내보여라. 그렇지 않으면 사람들은 당신에게 진정성을 느끼지 못할 것이다.

2. 퍼스널 스토리Personal Stories

퍼스널 스토리는 내가 누구인지, 무엇을 왜 하는지에 관한 맥락을 제공한다. 당신은 세 가지 이야기를 단숨에 내보일 수

퍼스널 브랜딩 8P 전략

8 협업Partners

7 권유Pitch

6 가격Pricing

5 상품Products

4 포지셔닝Positioning

3 플랫폼Platform

2 퍼스널 스토리
Personal Stories

1 관점
Point of View

나다움으로 시작하는 퍼스널 브랜딩

있어야 한다. 이 이야기는 이전 단계에서 수행한 작업으로부터 나온다. 퍼스널 스토리가 당신의 사적인 인생 이야기를 일컫는 것이 아니라고 한다면 조금 안심이 되는가? 그러니 자서전을 써야 한다는 걱정은 하지 않아도 된다. 시장과 소통하는 통로를 마련하고 경쟁자들과 나를 차별화할 간단한 이야기를 떠올려보자.

3. 플랫폼Platform

세 번째 단계는 브랜드를 세울 플랫폼을 구축하는 일이다. 블로그, 팟캐스트, SNS 등 무엇이든 상관없다. 앞서 나는 많은 사람이 무작위로 플랫폼을 구축한다고 말했다. 이는 브랜드가 무너지는 가장 크고도 일반적인 이유다. 아직은 세련된 로고나 값비싼 웹사이트 제작에 돈을 쓰지 않아도 된다. 이 장에서는 우리가 어떤 매체를 사용해야 하는지 논한다. 당신의 브랜드는 어떤 매체가 가장 적합할지, 왜 그 매체를 선택해야 하는지 알게 될 것이다.

4. 포지셔닝Positioning

포지셔닝은 대개 경쟁자들과의 상대적인 위치로 결정된다. 단순히 고급인지 기성품인지 구분하는 일이 아니라 그 이상이다. 스스로 차별화할 수 있는 간단한 방법을 비롯해 새로운 시장을 개척하고 기회를 만들기 위해 포지셔닝을 활용한 나의 방법과 비하인드 스토리를 들려주겠다.

5. 상품 Products

케빈 코스트너가 주인공으로 출연한 《꿈의 구장》이라는 옛날 영화에 유명한 대사가 나온다. "네가 구장을 지으면, 그들이 찾아올 거야." 멋진 말이지만, 상품이나 서비스 기반 비즈니스를 구축할 때는 완전히 잘못된 말이다. 누구도 원하지 않는 상품(서비스)을 팔기란 힘들다. 시장이 무엇을 원하는지 간단하게 확인할 수 있는 마법의 문장을 알려주겠다. 그리고 긴 시간을 들이지 않고 몇 가지 상품을 만드는 방법을 살펴본다. 가장 성공한 퍼스널 브랜드가 반드시 수행하는 다섯 가지 업무와 그것들을 어떻게 상품화로 연결했는지 안다면 도움이 될 것이다.

6. 가격 Pricing

연설 스피치 트레이닝을 제공하는 스코어SCORRE를 창업한 켄 데이비스에게서 들은 이야기가 하나 있다. 그가 사업 초기에 얻은 교훈이다. 그가 강연을 진행한 행사에서 한 사업가가 강연 요청을 하려고 그에게 다가왔다. 켄은 얼마를 요구해야 할지 잘 몰라 지나치게 낮은 금액을 제시했다. 그러자 남자는 이렇게 대답했다. "아, 죄송합니다. 우리는 전문가만 초빙합니다." 이런! 이 일화는 퍼스널 브랜딩 청사진에서 이전 단계가 얼마나 중요한지 말해준다. 포지셔닝과 상품이 확실하면 가격을 결정하기 쉽다. 이 장에서는 가격을 책정하는 데 사용할 몇 가지 간단한 전략을 다루겠다.

7. 권유Pitch

구매를 권유하는 방법은 여러 가지다. 어떤 상품(서비스)은 이메일로 판매하고, 또 어떤 것은 웹사이트에 게시할 수도 있다. 이는 당신이 하는 사업(또는 판매하는 상품)에 달렸다. 전화 통화나 면대면 거래를 진행하기도 한다. 구매 권유 방식은 그때그때 다르므로 어림짐작해서 판매하지 않도록 검증된 몇 가지 기술을 전수하겠다.

8. 협업Partners

내 친구 토드 허먼이 이렇게 말한 적이 있다. "관계 맺기는 로켓과 같다." 앞선 단계들을 제대로 수행했다면 더 많이 노출되고, 팔로워들을 확보하고, 나아가 상품을 판매하도록 도와줄 제휴처들을 끌어당길 채비가 되었을 것이다. 마지막으로 전략적 제휴가 어떻게 비즈니스를 로켓처럼 쏘아 올릴 추진력을 주는지 알아보려고 한다. 지금까지 한 대로 나아가면서 관계 맺기에 성공한다면, 무엇이든 해낼 수 있다.

성공은 순차적으로 이루어진다

퍼스널 브랜딩 청사진은 부업 삼아 하는 스타트업부터 수백만 달러 규모의 퍼스널 브랜드 사업에 이르기까지 어디에나 적용 가능하다. 브랜드(혹은 상품)가 출시에 실패하는 이유는 대개 이전 단계 중 하나가 무너졌기 때문이다. 다음을 생각해보자.

1. 관점이나 퍼스널 스토리 없이 온라인 플랫폼을 구축했다면, 콘텐츠 없는 웹사이트가 되고 존재 이유를 알 수 없는 비즈니스가 되고 만다.
2. 포지셔닝을 하지 않았다면, 어떤 상품을 만들고 가격을 어떻게 책정할지 기준을 알 수 없다.
3. 자신의 제안이 유효한지 확인이 어렵다면, 어떻게 구매를 권할지 또는 브랜드를 홍보해줄 제휴사를 어떻게 끌어당겨야 할지 알지 못한다.

언젠가 미국에서 가장 큰 부동산 회사 켈러 윌리엄스*Keller Williams* 창업자의 게리 켈러가 한 가지 강력한 성공의 속성을 이야기했다. "성공은 순차적으로 이루어진다. 동시에가 아니라." 하룻밤 사이에 비즈니스를 구축할 수는 없다. 하지만 퍼스널 브랜딩 청사진이 당신을 이끌어줄 것이다.

내가 목표로 하는 사람에게 서비스하려면
어떤 사람이 되어야 할까

콜로라도에서 내 인생을 바꾼 질문을 마주한 이후, 늘 순탄하지는 않았지만 고생할 만한 가치가 있는 몇 년의 시간을 보냈다. 초기 몇 년을 돌이켜 보면 애정이 무럭무럭 솟아난다. 그 시기가 현재 내 모습을 만들고, 내가 세운 관점들을 당신과 나눌 수 있게 해주었기 때문이다. 당신은 지금 내 이야기를 읽고 있지만, 언젠가 자신의 이야기를 하게 될 날이 오고, 누군가는 그 덕분에 성공할 것이다. 힘든 일이지만 그만한 가치가 있으리라고 내가 보증한다.

하지만 다음 단계로 넘어가기 전에, 자신이 지금 어디에 있는지 알아야 한다.

먼저 자신이 무슨 일을 하는지 적어보자. 그러면 다른 불빛으로 자신을 비춰볼 수 있다. 자신의 전부를 구구절절 올리는 SNS를 잠시 중단하라. 건강, 부, 인간관계 분야 중 어느 시장에 들어갈지 곰곰이 생각하라. 그리고 나서 간단한 질문 하나에 답하라. "내가 목표하는 사람에게 서비스를 제공하려면 어떤 사람이 되어야 할까?" 소통을 더 잘해야 하나? 자기객관화가 더 필요한가? 리더가 되어야 하나? 위험을 감수해야 하나?

다소 불편할지라도 당신이 어떤 사람이고 무엇을 원하는지 생각하고 글로 적는 일은 퍼스널 브랜딩을 하기 전에 반드시 해야 하는 일이다. 비즈니스에서 신뢰란 거저 주어지지 않는다. 직접 움직여서 얻어내야 한다.

다음 장에서는 퍼스널 브랜딩을 하는 기업가의 두 가지 유형과 당신이 마주하게 될 길path에 관해 말할 것이다. 계속 읽어라. 그러면 당신이 어디로 향하고 있는지 분명하게 알게 될 것이다.

체크리스트

Q1. 건강, 부, 인간관계 중 당신은 어떤 시장에 속하는가?

나다움으로 시작하는 퍼스널 브랜딩

제2장

문제를 해결할 것인가, 관점을 전달할 것인가

▎ 하우투프러너 vs. 아이디어프러너

몇 년 전, 여동생 에스더가 곤도 마리에의 『인생이 빛나는 정리의 마법』(더난출판사, 2011)이라는 책을 추천했다. 집에 있는 물건을 정리하면 인생도 정리된다고 말하는 책이었다. 자신을 '설레게 하는' 물건은 가지고 있어라. 아무 감정도 일으키지 않는 물건이라면 인생 한편을 장식해준 데 감사를 표하고 보내줘라(쉽게 말해, 쓰레기통에 버려라).

에스더가 이 책이 얼마나 대단한지 이야기했을 때 나는 이렇게 말했다. "잠깐, 내가 지저분하다는 말이야?"(내게는 해결할 문제 같은 게 없다고 생각해서 던진 질문이었다.)

곤도 마리에의 책을 집을 청소하는 법 또는 인생의 잡동사니를 정리하는 법이라고 단순하게 요약할 수도 있지만, 사실 이 책은 그 이상이다. 이 책은 삶의 철학을 담고 있다. 만약 제목이 '집을 청소하는 법'이었다면, 솔직하고 실용적으로 보이기는 하겠지만 잘 팔리지는 않았을 것이다. 깔끔하다는 기준은 주관적이며, 스스로 아무 문제가 없다고 생각하는 사람에게 힘들게 번 돈을 집 정리에 쓰게 하는 일은 거의 불가능하다. 바로 이 점이 곤도 마리에라는 브랜드가 다른 비슷한 브랜드와 구별되는 미묘한 차이고, 그녀가 영리하다고 말할 수 있는 부분이다.

앞서 나는 퍼스널 브랜딩이 건강, 부, 인간관계 세 가지 시장 중 한 곳에 속한다고 이야기했다. 이제 우리가 속한 시장에 존재하는 두 가지 유형의 사업가를 살펴보자. 가 유형은 돈을 버는 방식이나 장단점이 매우 다르므로 잘 알아두어야 한다. 두 가지 유형은 다음과 같다.

1. 하우투프러너(How-To-Preneur, 문제해결형 기업가)
2. 아이디어프러너(Ideapreneur, 영감형 기업가)

1. 하우투프러너는 사람들에게 문제를 해결하는 방법을 알려주거나 직접 해결한다

하우투프러너 유형은 해결할 문제를 무척 쉽게 정할 수 있다는 장점이 있다. 사람들이 인터넷에서 가장 많이 입력하는 검색어는 '~하는 방법' 또는 '어떻게~'다. 이 경우에는 대개 분명한 단계별 해법이나 해결책이 존재한다. 단점은 경쟁자가 한 트럭이 넘는다는 점이다. 물건을 고치는 방법, 돈을 버는 방법, 인간관계를 다루는 방법을 알려주는 사람이 얼마나 많은지 생각해보라.

2. 아이디어프러너는 특정 메시지나 관점, 철학을 전파한다

아이디어프러너의 장점은 하우투프러너보다 시장에 경쟁자가 훨씬 적다는 점이다. 이들이 가진 아이디어가 대개 독창적이기 때문이다. 단점은 대부분 사람들이 기업가의 아이디어를 쉽게 이해하지 못하거나 최악의 경우에는 자신에게 해결해야 할 문제가 있다는 것을 인식조차 못 한다는 점이다. 게다가 아이디어프러너의 목표는 문제 해결이 아닌 경우가 많다. 이들은 특정한 주제에 대한 인식을 높이는 것을 목표로 한다.

예를 들어, 두 명의 사업가가 글을 쓴다고 하자. 한 사람은 하우투프러너이고 다른 한 사람은 아이디어프러너. 하우투프러너는 잘 짜여진 커리큘럼에 따라 책을 쓸 것이다(당신이 들고 있는 책 대부분처럼 말이다). 반면, 아이디어프러너는 책을 쓸 때 메시지에 초점을 맞춘다. 대표적인 예시로 마케팅의 거두 세스 고딘의 『보랏빛 소가 온다』(쌤앤파커스, 2023)가 있다. 『보랏빛 소가 온다』는 상품(서비스)이 '보라색 소'처럼 눈에 확 띄도록 무언가 놀랍고, 반反직관적이고, 독창적인 것을 가지고 있어야 한다고 주장한다. 하지만 세스 고딘은 책 어디에서도 그것을 어떻게 하는지 구체적인 방법은 설명하지 않는다. 그가 사업가들에게 전하는 메시지는 간단하다. "눈에 띄어라!"

베스트셀러는 물론이고 텔레비전 시리즈로도 제작된 곤도 마리에의 책이 가진 영리함은 그가 하우투프러너보다 아이디어프러너의 면모를 더욱 강조한다는 점이다. 비록 '삶에서 설렘을 느끼는 방법'을 다루고 있기는 하지만, 마리에는 더 깊은 메시지를 전한다. 이 방식은 일본 고유의 종교인 신도神道에 맥이 닿는데, 일본 문화는 본질적으로 미니멀리즘에 가치를 둔다. 그녀의 비전은 집을 깨끗하게 치우는 데 그치지 않는다. 청결함의 철학에 따라 생활하고 차분한 마음가짐으로 정리된 삶을 즐길 수 있도록 영감을 불러일으킨다.

| 수익화의 길

많은 아이디어프러너가 비즈니스를 구축하거나 영향력을 확장할 때 하우투프러너의 방식을 취하기 때문에 사라진다.

하우투프러너는 자신의 전문성과 문제 해결 능력을 간단하

나다움으로 시작하는 퍼스널 브랜딩

게 보여줄 수 있다. 특히 잠재 고객이 이들을 좋아하고 신뢰한다면 상대적으로 쉽게 물건이나 서비스를 판매할 수 있다. 나는 하우투프러너에 가깝다. 퍼스널 브랜드 사업가들은 마케팅이나 세일즈 문제를 해결하고자 내게 연락을 한다. 나는 퍼스널 브랜딩 청사진을 차례대로 설명한 다음, 그들의 마케팅 메시지를 수정하고 구매전환율을 높일 페이지 글과 이메일을 작성한다. 하우투프러너의 과정은 간단하다.

아이디어프러너에게는 구매 전환 과정에서 추가로 한 단계가 더 필요하다. 시작 지점에서 잠재 고객에게 해결할 문제가 있다고 생각하도록 만들어야 하기 때문이다.

곤도 마리에가 어떻게 자신의 아이디어를 돈으로 바꾸었는지 살펴보자. 마리에를 유명하게 만든 책『인생이 빛나는 정리의 마법』은 2010년 말에 첫 출간되었다. 그가 한두 해 전에 이 책을 썼다고 해보자. 여러 인터뷰를 보면 마리에는 책을 집필할 당시에 정리 컨설턴트였고 지금처럼 유명한 브랜드가 아니었다.

이 사실은 중요하다. "곤도 마리에를 봐! 그 여자는 책 한 권에 '빵' 터진 것뿐이야. 그 덕분에 넷플릭스 시리즈로 제작되고 세계적으로 유명해졌잖아. 나도 그렇게 되고 싶어!"라고 말하기는 쉽다. 하지만 그녀가 브랜드를 만들기까지 얼마나 오랜 시간이 걸렸을지 생각해보라. 곤도는 20대 중반부터 컨설턴트 일을 해왔다. 곤도의 넷플릭스 시리즈는 2019년에 방영되었는데, 책이 출간된 지 무려 8년이나 지난 후였다!

나는 아이디어프러너에게 조언을 할 때 곤도 마리에의 사례를 이야기하면서 상냥하되 직접적인 질문을 던진다. "당신에게는 그만한 시간을 이 아이디어에 바칠 지구력이 있습니까? 당신의 아이디어가 시장에 자리 잡을 때까지 생계를 유지할 수 있습니까?" 인내심이야말로 힘이다. 불행하게도 대부분 사람에게 이러한 인내심이 없다.

곤도 마리에는 이런 점에서 뛰어나다. 책과 텔레비전 시리즈는 그녀에게 유명세를 안겨주었고, 그녀는 자기 이름을 딴 브랜드로 회사를 차려 쓰레기통, 스타킹 정리함, 수납함 등 다양한 상품을 팔고 있다(정리에 관한 조언을 했으면서 집을 채우는 물건들을 한 트럭 팔고 있다는 점이 내게는 모순적이고 이해가 안 되기는 하지만). 마리에는 몇 권의 책을 더 썼고, 심지어 사람들은 그에게 '곤마리' 정리 컨설턴트 자격을 받기 위해 돈을 지불한다.

곤도 마리에의 철학이 상품화된 것은 그의 커리어 끝자락에 이르러서야 이루어졌다. 성공으로 나아가는 여정은 쉽지 않았으며, 하룻밤 사이에 이루어지지 않았다.

곤도 마리에의 방식이 잘 와닿지 않는 사람들을 위해 그와는 다소 다른 일을 해낸 또 한 명의 아이디어프러너를 살펴보겠다. 바로 브레네 브라운 박사다.

자신의 취약함이 열어준 기회

브레네 브라운 박사는 현재 베스트셀러 작가로 잘 알려졌지만, 이전에는 용기, 취약성vulnerability, 수치심을 연구하는 연구자이자 대학교수로 오랫동안 일했다. 브라운 박사는 조용하게 연구에 전념하다가 2010년 6월 테드엑스TEDx 강연으로 큰 전환점을 맞이했다.

넷플릭스 스페셜《브레네 브라운: 나를 바꾸는 용기》에서 브라운 박사는 '우연한 사건'이 삶의 돌파구가 되었다고 말했다. 브라운 박사는 휴스턴대학교에서 열린 테드엑스 행사에서 취약성에 관해 이론 강연을 하기로 예정되어 있었다. 취약성은 그녀가 수년간 연구해오고 이전에도 몇 차례 강연한 적이 있는 주제였다.

하지만 그녀는 비행기를 타고 휴스턴으로 날아가면서 주제를 살짝 틀어 취약성과 관련된 개인적인 일화를 말하기로 마음먹었다.

강연은 잘 끝났지만 브라운 박사는 공개 강연에서 자신의 취약성을 드러낸 데 불편함을 느꼈다. 다행히 강연장에는 단 수백 명뿐이었고, 대부분 대학생들이었기에 애써 별일 아니라고 생각했다.

그러나 놀랍게도 그 강연은 대대적인 화제가 되었다. 강연

영상은 수백만 조회 수를 기록했으며, 악플러들이 떼거리로 몰려와 끔찍한 댓글을 달았다. 그로 인해 피어난 증오라는 감정을 다스리는 동안, 브라운 박사는 미국의 제26대 대통령 시어도어 루스벨트의 연설을 우연히 보게 되었고, 이는『마음 가면』(더퀘스트, 2016)을 집필하는 하나의 계기가 되었다.

"비평가는 중요하지 않습니다. 경기장에 있는 선수가 어떻게 넘어졌고, 어떤 부분에서 더 잘할 수 있었다며 사사건건 지적하는 사람은 중요하지 않다는 뜻입니다. 진짜 중요한 건 경기장에 있는 사람입니다. 얼굴이 먼지와 땀과 피로 뒤범벅된 사람, 용감하게 분투하고 실수하고 몇 번이고 다시 시도하는 사람 말입니다. 노력하면서 실수도 결점도 없는 사람은 없습니다. 하지만 정말로 해내기 위해 분투하죠. 이들은 무한한 열정과 헌신의 가치를 알며, 값진 대의에 자신을 바치는 사람입니다. 종국에는 탁월한 성과라는 영광이 찾아온다는 점을 가장 잘 아는 사람이고요. 설령 최악의 경우에 실패한다고 해도 대담하게 도전하고 맞이한 결과라면 그의 자리는 승리도 패배도 모르는 차갑고 소심한 영혼들이 결코 대신할 수 없을 겁니다."

미국의 제26대 대통령

시어도어 루스벨트

나다움으로 시작하는 퍼스널 브랜딩

『마음 가면』은 200만 부 이상 팔렸고 지금도 잘 나가는 스테디셀러다.

마침내 브라운 박사는 자신의 연구에 기초해 개인, 커플, 가족, 임원 및 리더를 위한 컨설팅·교육 프로그램인 '대담한 방식The Daring Way™'을 만들었다. 그녀의 퍼스널 브랜드가 성장할수록 강연 및 컨설팅 비용 역시 올랐다.

브라운 박사는 인간관계 분야에서 인지도를 높였고 아이디어를 전파했다. "오늘부터 나는 더욱 대담하게 살 거야!"라고 외치며 잠자리에서 일어나는 사람이 세상에 얼마나 될까? 그녀는 사람들이 미처 생각하지 않았던 문제, 즉 취약함과 수치심을 연구하고 해결책을 제시했다.

나만의 속도로, 나만의 공간에서

하우투프러너든 아이디어프러너든 어느 시점이 되면 당신의 전문성을 특정한 형식(동영상, 녹음, 책, 블로그 등)으로 제작하는 일이 중요하다. 사람들이 필요할 때 당신의 콘텐츠를 개인적으로 접할 수 있도록 말이다. 나는 이렇게 표현하고 싶다. 나만의 속도pace로, 나만의 공간space에서. 이제부터 자세히 살펴보자.

주변에 상담사 친구가 여러 명 있다. 친구들은 매일 의뢰인과 중독, 이혼, 트라우마, 기타 등등 힘든 문제들을 상담한다. 어느 날 한 친구가 내게 조언을 구했다. 그녀는 이혼 관련 문제를 다루는 온라인 코칭 그룹을 운영할지 말지 고민하고 있었다. 그녀는 온라인 강의로 얼마나 수익을 낼 수 있는지 떠들어대는 온라인 마케터들을 셀 수 없이 많이 팔로잉하고 있었다. 그리고 끝내 자신도 온라인 강의를 제작해 수입 파이프라인을 만들고 더 많은 사람을 도울 수 있다고 생각하기에 이르렀다. 나는 우선 진정하라고 조언했다. 의도는 좋았지만 잘못된 비즈니스의 전형적인 사례였기 때문이다.

아마 "그런데 마이크, 이 사례에서는 적어도 해결할 문제가 확실히 존재하잖아요. 이혼하기를 원하는 사람들이 세상에 얼마나 많은데요!"라고 반박하고 싶은 독자도 있을 것이다. 맞다. 하지만 모든 문제가 특정한 한 가지 방식으로 해결되지는 않는다. 이혼을 하려는 사람들은 온라인 강좌를 결제하지는 않는다. 집단 코칭 프로그램에 들어가지도 않는다. 이혼은 지극히 사적인 문제이기 때문이다.

어떤 사람이 배우자와 힘든 시기를 겪는 도중에 홧김에 신용카드로 이혼 코칭 프로그램에 497달러를 결제했다고 치자. 배우자가 명세서를 발견한다면 끔찍한 상황이 벌어질 것이다.

나는 몇 년 전 힘겨운 이혼 과정을 겪으면서 관련된 책을 8권이나 읽고 영상을 수없이 보았다. 하지만 온라인 강의를 결제하거나 코칭 프로그램에 등록하지는 않았다. 이혼은 사적인 문제라고 생각했기 때문이다.

이혼, 마약, 알코올 중독, 폭력, 정신 질환, 취약성(그리고 집을 정리하는 것)과 같은 아주 개인적인 문제는 잠재 고객이 자기만의 속도와 공간에서 해당 콘텐츠를 소비할 기회를 제공하는 편이 더욱 효과적이다.

나는 친구에게 코너스톤 콘텐츠(cornerstone content, 해당 주제의 핵심적인 내용을 장문으로 길게 풀어쓴 글—옮긴이)를 제작해보는 건 어떻겠냐고 제안했다. 자신만의 특징이 드러나는 연설, 방법론 등을 온라인에 게시하고 소책자를 발행하거나 팟캐스트로 강연해보라고 말이다. 이것이 이혼이라는 주제를 풀어내는 그녀만의 방법이 될 수 있었다. 아이디어가 시장에 침투하면 서비스뿐 아니라 상품에 비용을 지불하는 청취자들이 많아지고, 이 과정이 그 친구에게 핵심적인 프레임워크가 되어줄 것이었다.

브레네 브라운 박사에게 일어난 상황이 바로 이와 같았다. 브라운 박사의 강연을 팝콘을 먹고 맥주를 마시며 친구들과 함께 감상하는 사람도 분명 있을 것이다. 하지만 나는 대부분 그 강연을 혼자 봤을 거라고 장담한다. 혼자 있는 시간에 그녀의 책을 읽고 팟캐스트를 들으며 브레네 박사와 비슷한 분위기를 풍기는 사람들은 처한 상황이 다를지라도 대부분 내향적인 사람일 것이다(브라운 박사의 열렬한 팬들은 마치 그녀와 절친한 사이로 보인다). 성공한 아이디어프러너들이 계속해서 책을 쓰고 팟캐스트를 진행하고 강연을 하는 이유는 분명 수요가 있기 때문이다.

성공은 실마리를 남긴다. 곤도 마리에와 브레네 브라운, 두 아이디어프러너에게서 본 것을 역으로 추적해보자.

1. 자신의 아이디어, 관점, 철학을 오랫동안 실천했다.
2. 아이디어가 시장에 스며드는 동안, 자신의 전문성으로 수익을 창출하는 다른 길을 찾았다. 곤도 마리에는 아직도 컨설턴트 일을 하고 있으며, 브레네 브라운 박사 역시 강연과 컨설팅, 집필 작업을 한다.
3. 그들은 사람들이 자기만의 속도로 사적인 공간에서 그들의 아이디어를 쉽게 접할 수 있도록 매체를 만들었다.
4. 그들의 작업은 더 큰 플랫폼에 소개되고 더 많은 대중에게 노출되었다. 곤도는 넷플릭스에, 브라운은 테드 엑스에 등장했다.

여기서 잠시 한숨을 돌리면서 우리가 고려해야 할 몇 가지를 다시 정리해보자.

먼저 건강, 부, 인간관계 중 자신이 어느 시장에 진입할지 알

아야 한다. 곤도와 브라운 박사는 건강과 웰니스 시장에 속한
다. 브라운 박사는 인간관계 영역도 다루는데, 그가 주로 연구
하는 취약성이 우리가 타인과 관계 맺는 방식에서 큰 부분을
차지하기 때문이다.

두 번째로 자신이 하우투프러너인지, 아이디어프러너인지
잘 파악해야 한다. 이제 수직적 집중Vertical Focus과 수평적 집중
Horizontal Focus 개념을 살펴보겠다.

수직적 집중 vs. 수평적 집중

내 팟캐스트에 마케팅 전문가 일리스 베넌을 초청해 인터뷰한
적이 있다. 그녀는 틈새시장을 발견하는 데 실제로 도움이 되
는 접근법을 전달했다. 베넌은 '니치'(niche, 틈새시장)라는 마케
팅 용어 대신 '집중focus'이라는 단어를 제시한다. 이는 사물을
바라보는 훌륭한 방법이다.

비즈니스와 관련된 두 가지 유형을 살펴보자.

1. 수직적 집중Vertical Focus
2. 수평적 집중Horizontal Focus

1. 수직적 집중은 특정한 고객이나 시장에 적용된다

비즈니스 종사자들은 이 개념을 늘 활용한다. 그들의 활동을 '수직적'이라는 말로 바꾸어 표현했을 뿐이다. "우리는 당신이 좋은 일을 하도록 돕습니다"라는 슬로건을 내세우는 마케팅 기업을 생각해보자. 이들의 수직적 집중 대상은 비영리 조직이다. 세상에 비영리 조직이 적어도 수백 개 이상 존재하므로 여전히 광범위하지만 '비영리'라는 특정한 대상은 분명하다.

마케팅 기업은 로고나 웹사이트 디자인, SNS 광고 등 다양한 서비스를 제공한다. 이런 서비스들은 모두 다른 영역이지만, 명확한 타깃에 수직적으로 집중하고 그 고객들이 찾아온다면 모든 상품이나 서비스를 한 번에 판매할 수 있다.

2. 수평적 집중은 단일 상품이나 서비스에 적용된다

수직적 집중을 발휘해 특정 고객을 대상으로 하는 웹사이트를 만들었다고 치자. 프리랜서 카피라이터라면 어떤 비즈니스라도 거기에 맞춰 광고 카피를 써줄 것이다. 내 친구 마크 스턴은 모든 비즈니스 행사에 맞춰 커스텀 제작이 가능한 머그잔, 티셔츠, 팸플릿 등을 납품하는 사업을 시작했다. 그의 타깃 고객층은 모든 수직적 고객이다.

컨설턴트 초기에 나는 단순하게 '수수료를 주는 누구에게나' 집중했다. 내 고객들은 자금 조달 컨설턴트, 스피치 강사, 가족

법 전문 변호사, 연예인 고객만 상대하는 베벌리힐스 치과 전문의에 이르기까지 다양했는데, 이를 보면 내 집중이 얼마나 형편없었는지 여실히 드러난다. 나는 서로 다른 상사 네 명을 둔 기분을 늘 느껴야만 했는데 현실이 그러했다.

마침내 나는 실수를 깨닫고 한 가지 수직적 집중 영역을 설정했다. 바로 비즈니스계 리더였다. 수평적 집중 영역은 브랜드 전략(마케팅 캠페인에 관한 조언)이나 상품 출시 광고 카피(구매 전환율을 높일 판매 페이지 문안, 광고 문안, 기타 부수적인 전화 홍보 문안 쓰기)였다. 집중하는 대상을 좁히자 수입이 올랐을 뿐 아니라 분별력을 되찾았다.

이렇게 수직적 집중과 수평적 집중을 교차 참조하는 일은 망원경의 십자 조준선을 맞추는 것과 같다. 타깃 고객이 누구인지, 어떻게 하면 그들과 접촉할 수 있을지 알게 된다. 인내하라. 이 단계는 오랜 시간이 걸린다.

나에게 큰 도움이 된 개념을 몇 가지 더 소개하고 싶다.

┃ 인구통계학과 사이코그래픽스

부업을 하던 초기에(내가 회사를 다니며 정말로 하고 싶은 일이 무엇인지 알아내느라 무척이나 애썼음을 기억해달라), 나는 집과 멀리

떨어진 곳까지 가서 자신의 '아바타'를 규정하는 법(마케팅 분야에서 '아바타 규정하기'란 타깃 고객의 명확한 상을 그리는 과정이다—옮긴이) 또는 예상 고객 규정하기 등을 주제로 한 세미나에 참석했다. 강연자는 몇 가지 질문을 했는데 비생산적이기 이를데 없었다. 예를 들어, "당신의 타깃 고객층은 몇 살인가?", "그들의 연봉은 얼마인가?", "그들의 자녀는 몇 명인가?", "그들은 어떤 자동차를 모는가?"와 같은 것이었다. 너무 이론적인 나머지 터무니없이 여겨졌다. 내가 그 답을 알았다면 그곳에 앉아 있지 않았겠지!

지금도 나는 '아바타 찾기' 같은 방식이 정말 싫다. 꿈에 부푼 예비 창업자는 자기가 어떤 기업을 차릴지도 아직 모르는데, 예상 고객이 어떨지 물을 수는 없지 않을까? 아바타 방식은 비즈니스가 좀 더 확립된 상태라면 괜찮지만, 이제 막 시작한 사람들에게는 엄청난 좌절감을 안겨준다.

이런 강연자는 인구통계학과 사이코그래픽스를 구분하지 못한 것이다. 아바타 찾기 방식은 고객을 인구통계학적으로 규정하기 때문에 소매 사업에 효과적으로 적용하기 쉽다. 연령, 성별, 수입, 가족 구성원, 교육 수준 기타 등이 바로 인구통계학적 요인이다.

하지만 퍼스널 브랜딩은 대개 태도, 포부 등 기타 심리적 요소, 즉 사이코그래픽스(소비 심리학 분야 용어로, 소비자의 개별적 특성 및 라이프스타일 등을 측정하여 수요를 판단하는 방법—옮긴이)로 구분된다. 다시 말해, 사고방식이 전혀 다른 사람들을 다루어야 한다는 말이다.

세미나가 끝나고 집으로 돌아오는 비행기 안에서 나는 내 예상 고객이 어떤 사람인지 적은 노트를 꺼냈다. 비행기 좌석은 키가 190센티미터 정도인 내게 너무 비좁았고, 그래서 마음속 불꽃이 더 크게 피어오른 것 같았다. 모든 것이 짜증 났다. 세미나, 명확하지 않은 사업, 앞 좌석에 짓눌린 무릎. 생각이 뒤엉켰고, 좌절감에 화가 솟구쳤다. 나는 내 예상 고객의 특성을 휘갈겨 적었다.

1. 행동하는 사람
2. 자기 자신에게 투자하는 사람
3. 위험을 감수하는 사람
4. 변명하지 않는 사람
5. 투자를 비용이나 손실의 관점에서 보지 않는 사람

이렇게 적고 나니 분명한 깨달음이 왔다. 내가 함께 일하고 싶은 사람은 바로 2년 전의 '나'였다.

2년 전 나는 코네티컷에서 음악 감독직을 사직하고 통근시간에 스포츠 토크쇼의 잡다한 가십거리 대신, 비즈니스 및 리더십 팟캐스트를 열심히 들었다. 내 서가는 스포츠 잡지 대신 마케팅, 기업가 정신, 자기 계발 서적들로 채워졌다. 휴일에는 인맥을 넓히고 새로운 것을 배우고자 콘퍼런스에 참석했다(이 책에서 언급하는 사람 대부분을 콘퍼런스에서 만났다).

자기 자신에게 투자하기 시작하면 일이 재밌어진다. 노력에 상응하는 보상이 돌아오기 때문이다. 이제 이 책을 읽고 배우고 성장하고 자기 계발에 시간과 돈을 투자하자. 당신이라면 그런 사람과 일하고 싶지 않은가? 자기 자신이 이상적인 고객일 수 있다. 당신 같은 사람이 한 사람이라도 존재한다면 그 수는 백 명, 천 명, 만 명, 백만 명으로 늘어날 수도 있다.

예상 고객을 가늠하기 어렵다면 사이코그래픽스의 관점으로 시장을 들여다보라. 자기 계발 세미나에서 일흔세 살 노인과 스물세 살 청년이 함께 앉아 있는 장면을 발견하게 될 것이다.

인구통계학과 사이코그래픽스가 상호배타적이라는 이야기가 아니다. 당신의 고객은 책을 쓰고 싶어 하며 성장을 지향하는 이십 대가 될 수도 있고, 칠십 대가 될 수도 있다. 내 친구 보스맘의 창업자 다나 맬스터프는 엄마들이 아이와 비즈니스를 동시에 키우도록 돕는다. 다나의 청중들은 인구통계학과 사이코그래픽스가 교차하는 특징을 가지고 있다. 놀랍게도 우리는 이 같은 사실을 자주 간과한다.

| 퍼스널 브랜딩의 길

퍼스널 브랜딩 사업의 가장 도전적인 특징은 단순히 돈으로 살 수 없다는 점이다. 이베이_{eBay}나 미국의 생활 정보를 열람할 수 있는 크레이그리스트_{Craigslist}에 가서 돈을 내고 누군가의 영향력을 살 수는 없다. 생각해보라. 곤도 마리에나 브레네 브라운을 구매할 수는 없다. 그들의 지적 재산권, 고객 데이터베이스, SNS 계정 같은 실물 자산을 구하더라도, 그들이 지닌 영향력을 구매할 수는 없다. 퍼스널 브랜딩은 제로에서 시작된다. 누구에게나 마찬가지다.

사람들에게 퍼스널 브랜딩에 관심 있는 이유를 물어보면, 꽤 많은 사람이 마법의 성에 사는 것처럼 보이는 인플루언서를 언급한다. "그곳이 제가 바라는 곳이에요"라는 대답이 도돌이표처럼 돌아온다.

사람들은 종종 드웨인 존슨, 오프라 윈프리, 게리 바이너척, 조 로건 같은 사람들을 언급한다. 이런 사람들은 하고 싶은 일을 하면서 돈도 잘 버는 것처럼 보인다. 하지만 이들이 외롭게 고군분투하는 시간을 거쳐 영향력을 발휘하는 지금의 자리에 이르렀다는 점은 미처 생각하지 못한다. 나는 그 시간을 '집중의 골짜기'라고 부른다.

당신이 무언가를 하기로 마음먹고 블로그에 글을 쓰거나

SNS를 통해 명언을 공유하거나 팟캐스트를 시작했다고 치자. 불행하게도 그것을 보는(듣는) 사람은 얼마 없다(이게 보통이다). 친구, 가족, 직장 동료는 대체 무엇을 하느냐고 물을 것이고, 심지어 당신의 SNS 팔로잉을 끊을 수도 있다. 당신은 어느 때보다 혼자라고 느끼게 된다. 집중의 골짜기에 온 걸 환영한다, 친구여.

집중의 골짜기에서 한 가지 아이디어나 주제 또는 시장에 초점을 맞춰 흩어진 아이디어들을 좁혀나가야 한다. 건강, 부, 인간관계 중 어느 시장에 집중할지 결정해야 한다. 집중 대상을 더욱 좁히고 선택한 시장에서 무엇을 할지 결정해야 한다. 당신은 다양한 분야에 열정을 가지고 있으므로 이 사실이 마음에 차지 않겠지만 이렇게 이해하자. 댄스 클럽에서 각기 다른 장르의 음악 다섯 곡을 동시에 연주한다면 고객들은 아마 전부 뛰쳐나갈 것이다(무도회 음악과 헤비메탈 곡을 섞어서 틀 수는 없지 않은가).

내가 퍼스널 브랜딩 사업에 집중하기 시작하면서, 음악 감독 시절 알고 지냈던 사람 대부분이(아마 90퍼센트 정도) 내 SNS 계정 팔로우를 끊었다. 나는 실제로 그들과 관계가 끊겼다. 결정을 내려야만 했다. 이 길을 계속 가야 할까, 아니면 내 마음을 바꿔야 할까?

집중할 영역을 좁히면 흥미로운 일이 벌어진다. 당신은 처음에 다양한 주제를 다루고 이것으로 SNS에서 점차 알려지다가, 어느 시점에 한두 가지 주제로 빵 뜨기 시작한다. 그리고 곧 많은 팔로워를 보유한 인플루언서들이 당신에게 관심을 가진다. 그중 한 사람이 당신에게 일을 제안하거나 당신의 전문성을 자기 팔로워들에게 보여달라고 요청한다. 이제 그들의 팔로워 일부가 당신을 팔로우하기 시작한다.

이 모습을 본 또 다른 인플루언서가 당신에게 강연을 요청한다. 그리고 빵! 터진다! 이 과정이 반복되면 어느새 팔로워가 늘어날 것이다. 이런 식으로 계속 성장해가다 보면 당신 역시 인플루언서가 되고, 더 많은 팔로워들이 생겨난다.

시간이 흐르면서 팔로워는 당신의 콘텐츠 때문이 아니라 그저 당신이라는 이유만으로 팔로우를 유지할 것이다. 다시 말하지만, 브랜드를 세우는 게 아니라 당신이 브랜드 그 자체가 되어야 한다. 사람들이 모여들도록 주변에 따뜻한 모닥불을 피워야 한다.

집중할 대상이 정해진 덕분에 작업의 질 역시 향상된다. 전문성이 생기고 사람들의 삶은 당신으로 인해 변화한다. 팬들은 당신이 무엇을 추구하든 기꺼이 따를 만큼 충성도가 높아진다. 이들은 당신이 바라는 곳에 다다를 수 있도록 도울 뿐 아니라 그곳에 함께한다.

| 톱스타는 언제나 톱Top이었을까?

드웨인 존슨은 요즘 최고의 액션 스타이지만, 이전에는 수십 년 경력을 보유한 레슬링 선수였다. 레슬링 선수라는 이미지가 그에게는 집중의 골짜기였다. 그가 늘 성공한 인생을 살았을까? 그는 원래 미식축구 선수가 되고 싶었지만, 미식축구 프로 리그NFL에 입성하지 못했다. 유년 시절의 꿈은 산산이 흩어졌다. 존슨은 레슬링 선수로 방향을 틀었고(아버지와 할아버지가 레슬링 선수였다), 마침내 스타 레슬링 선수가 되어 '더 록*The Rock*'이라는 별칭을 얻었다.

존슨은 레슬링에서 얻은 인지도를 등에 업고 할리우드에 진출했다. 그가 레슬링을 완전히 떠나 배우로 전직하려고 했을 때, 많은 레슬링 팬들은 존슨이 '돈에 팔렸다'고 여겼다. 그의 연기 생활을 적극적으로 응원하는 사람은 아주 소수였지만, 좋아하는 팬들이 서서히 생겨났고 영화는 꽤 괜찮은 성적을 올렸다. 그리고 보라. 지금 그는 어떻게 되었는가. 《패스트 & 퓨리어스: 슈퍼차지드》, 《쥬만지》 같은 대형 블록버스터 영화로 톱스타가 되었다. 그는 SNS에서 막대한 팔로워들에게 운동하는 모습을 보여주고, 자신의 브랜드를 만들어 운동복 회사인 언더아머*Under Armour*는 물론, 주류를 비롯한 온갖 상품을 섭렵하고 있다.

나다움으로 시작하는 퍼스널 브랜딩

더 록은 원한다면 무엇이든지 할 수 있는 것처럼 보인다. 하지만 그에게도 미식축구 선수로 실패한 뒤 수십 년간 레슬링계에서 떠돌아다닌 성장 과정이 있었다. 레슬링계에서도 금방 스타가 된 것은 아니다. 온라인에서 그의 커리어 초반 경기들을 보면 대부분의 레슬링 팬들이 그를 끔찍이 싫어했다는 사실을 금방 알 수 있다. 그가 최고의 레슬링 스타가 되고 세계적인 유명 인사가 되리라고는 아무도 생각지 않았다.

앞서 언급한 인플루언서들 역시 집중의 골짜기를 통과했다. 오프라 윈프리는 지역 저녁 뉴스의 공동 앵커로 시작했다. 게리 바이너척은 SNS 스타가 되기 전에는 몇 년간 와인을 팔던 무명 인사였다. 조 로건은 텔레비전 호스트, 무술 방송 캐스터를 전전하다가 팔로워들을 얻고 세계에서 가장 인기 있는 팟캐스트를 진행하며 하고 싶은 말을 다 하고 있다.

계속 나아가라

당신이 앞서 소개한 사람들만큼 대형 스타가 되거나 '바라는 건 무엇이든' 할 수 있는 자리까지 올라가고 싶은 건 아닐 것이다. 하지만 퍼스널 브랜딩의 오랜 여정을 이해하려면 이 사실을 알아두는 게 좋다. 많은 사람이(덜 유명한 사람들도 마찬가지로) 이 길을 걸었다. 핵심은 명성이 아니라 '집중'이다.

여기서 핵심은 집중할 영역을 좁혀야 특정한 목적을 가진 고객을 당신에게로 끌어당길 수 있다는 점이다. 시간이 흘러 팔로워가 생기면 이들 덕분에 당신의 인맥이 넓어지고, 그들 중 일부는 당신이 어떤 도전을 하든 따르게 될 것이다.

퍼스널 브랜딩 청사진의 첫 번째 단계를 시작하면서 명심할 점은 모든 일이 명료해지려면 순차적인 단계를 거쳐야 한다는 점이다. 한 번에 모든 것을 손에 넣을 수는 없다. 하지만 언젠가는 그렇게 된다. 지금은 자신이 문제 해결형 기업가인지, 영감형 기업가인지 생각해보라. 자신에게 수직적 집중 방식이 나을지, 수평적 집중 방식이 나을지, 아니면 두 가지를 조합할 수 있을지 생각해보라. 인구통계학과 사이코그래픽스가 무엇을 분명하게 보여주는지도 생각해보라.

이제 퍼스널 브랜드를 구축하는 여정에서 무엇이 필요한지 파악했을 것이다. 그 여정은 결코 쉽지 않고 수많은 도전이 있을 것이다. 하지만 게임을 계속할 것이라면, 퍼스널 브랜딩 청사진의 첫 단계를 시작하라. 첫 단계는 바로 자신의 관점을 세우는 일이다.

나다움으로 시작하는 퍼스널 브랜딩

체크리스트

Q1. 당신은 하우투프러너에 가까운가, 아이디어프러너에 가까운가?

Q2. 당신에게 수평적 집중이 나은가, 수직적 집중이 나은 가? 아니면 두 가지를 섞어서 사용해야 하는가?

Q3. 인구통계학과 사이코그래픽스의 차이를 생각해보라. 당신은 어느 쪽을 살펴보아야 하는가?

제2부

퍼스널 브랜딩 8P 전략

제3장

1P: 관점
Point of View

∘ PB3 ∘

나는 영업 및 마케팅 분야에서 일을 시작했는데, 처음 맡은 일이 '거짓말'이었다. 정말이다.

대학 2학년 때 학비를 감당하기 어려워 봄 학기를 쉬었다. 그 기간에 식당에서 테이블을 치우는 것보다 이력서를 채울 만한 더 나은 일자리를 찾고 싶었다.

그때만 하더라도 사람들은 신문에서 일자리를 찾았다. 한 텔레마케팅 아르바이트가 눈에 띄었다. 영업 일이 끌리지는 않았지만, 교육을 시켜주는 데다 기본 시급에 판매 건당 수수료를 더 쳐줬다. 수익이 꽤 괜찮았으며, 놀랍게도 나는 텔레마케팅에 썩 자질이 있었다. 거의 매일 일일 판매왕 목록 3위 안에 내 이름이 들어갔다.

불행하게도 내가 하는 말은 모조리 새빨간 거짓말이었다. 이곳에는 결과가 수단을 정당화할 수 있다고 생각하는 상사들이 모여 있었다. 회사는 내게 거짓말을 하라고 부추기면서 훈련을 시키고 당연히 그래야 한다고 여겼다. 모두 판매고를 올리기 위해서였다.

회사는 공장에 공업용 세제를 파는 곳이었고, 타깃은 전국의 다양한 제조업체를 오가며 수집한 명함에 적힌 공장장들이었다(이것도 어찌 보면 거짓말이다. 회사는 공장 연락처 목록을 돈을 주고 사왔으니 말이다).

나는 아무 의문도 품지 않고 회사의 프로세스와 대본을 그대로 따랐다. 먼저 공장에 전화를 걸어 공장장을 바꿔달라고 했다. 전화를 바꾸면 "요청하신 견본 상품을 보내드리겠습니다"라고 말했다.

공장장들은 대개 당황해서 "전 견본품을 요청한 적이 없는데요"라고 중얼거렸고, 나는 대본에 따라 "저희 직원이 무역 박람회에서 선생님의 정보를 받아 왔습니다. 선생님께 이 상품이 유용할 것 같다고 생각되어서요"라고 말했다. 그러고 나서 상품을 떠안겼다.

만약 전화 상대가 주문을 한다고 하면 나는 "제 팩스가 고장이 나서 사무실 끝에 있는 다른 팩스까지 가야 하는데 시간이 조금 걸릴 것 같습니다. 통화하는 동안 제게 팩스로 주문 내용을 보내주시겠어요?"라고 요청했다. 회사는 당장 그 자리에서 팩스로 주문서를 받길 원했다. 나중에 팩스를 보내겠다고 하고 실제로 주문하지 않는 경우가 많았기 때문이다.

심지어 내 이름도 가짜였다! 상대가 내 성을 '김'이 아니라 '킹'이라고 세 번이나 부른 후에는, 나는 결국 수긍하고 "네, 마이크 킹입니다"라고 말했다. 아무튼 나는 누가 봐도 한국인일 것 같은 이름을 거의 사용하지 않았고, 상대방 또한 알 도리가 없었다. 예비 고객은 지방 전역에 뿔뿔이 흩어져 있었기 때문이다. 사실 마이크 킹이란 이름이 제법 괜찮게 느껴졌다. 마치 레오나르도 디카프리오의 영화《더 울프 오브 월 스트리트》의 등장인물이 된 기분이었다. 어쩌면 그래서 내가 많은 판매고를 올릴 수 있었는지도 모른다.

그 일을 오래 하지는 않았다. 겉으로는 아무렇지 않은 척했지만 한편으로는 무엇이 옳고 그른지 알고 있었기 때문이다. 정직함은 내게 중요한 가치였다. 내가 텔레마케팅 일을 금방 그만두고 퍼스널 브랜딩 청사진에서 진정성을 강조하는 이유가 바로 이것이다.

나는 좋은 브랜딩과 마케팅이 고객에게 해줄 수 있는 일들이 좋다. 그리고 세상에서 가장 친절하고 열린 마음을 가진 사람들이 단지 마케팅을 못한다는 이유로 뒤로 밀리는 것이 싫다. 멋진 상품과 서비스를 만드는 사람들이 단지 판매고를 올리기 위해 거짓말을 하지 않아서 시장에서 밀려난다는 사실이 싫다. 결정적으로, 내가 나 자신을 마케터라고 소개할 때 일말의 당혹감을 느끼게 되었다는 사실이 너무 싫었다. 마케터라는 직업이 부끄러운 것을 넘어 그 일이 역겨워지기 시작했다.

절반의 진실, 과대 포장, 뻔뻔한 거짓말은 어디에나 존재한다. 헤아리지 못할 만큼 많은 사람이 대학교에서 세상에 나갈 준비를 하는 게 아니라 교수에게 의존하며 결국 해가 될 뿐인 수업에 막대한 등록금을 지불하고 있다.

이 같은 불만이 퍼스널 브랜딩 청사진의 첫 번째 단계인 '자신의 관점 세우기'로 이어졌다. 내 의견을 가지고 목소리를 내는 일이 처음에는 불편할 수 있다. 하지만 나라는 사람에 기반한 사업을 시작하려면, 내가 열정을 가진 대상으로부터 시작해야 한다. 그저 돈을 벌고 싶을 뿐이라면 식당을 개업하거나 리모델링 사업을 하거나 온라인에서 상품을 판매하는 등 다른 방법은 무수히 많다.

퍼스널 브랜딩은 다르다. 원래 모든 사업은 어려운 법이지만, 특히나 자기 안에서 우러나온 일이 아니라면 매일같이 밤낮으로 계속할 수 없다.

나는 내면에 자리한 무언가를 끄집어내기 위해 다음 세 가지 질문을 활용한다. 이 질문을 퍼스널 브랜드 3Personal Brand 3, 줄여서 PB3라고 부른다.

나다움으로 시작하는 퍼스널 브랜딩

1. 내가 참을 수 없는 일은 무엇인가?
2. 나를 마음 아프게 하는 일은 무엇인가?
3. 내가 해결하려는 문제는 무엇인가?

1번 질문은 당신이 세상에서 부당하다고 느끼는 일이다. 2번 질문은 당신이 내면에 지닌 연민이다. 3번 질문은 당신이 하는 사업의 목적이다.

이 세 가지 질문이 교차하는 곳에 세상을 바라보는 당신의 관점이 자리한다.

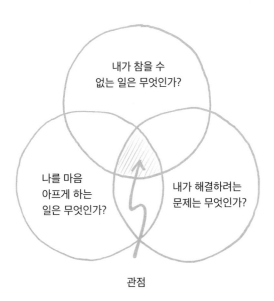

관점

단도직입적으로 말하겠다. 당신이 참을 수 없는 문제를 찾고 그것을 해결할 방법을 알아내고 그 문제를 해결한 대가로 돈을 벌어라. 비즈니스란 문제를 해결하고 이득을 얻는 일이다. 하지만 브랜딩, 특히 퍼스널 브랜딩은 좀 더 복잡하다.

많은 사람이 메시지가 간결하고 분명하면 노이즈를 뚫고 나아갈 수 있다고 생각한다. 반은 맞고 반은 틀리다. 다른 영역에서는 맞는 말이지만 퍼스널 브랜딩에서는 그렇지 않다.

시선을 단번에 사로잡고 인생을 바꿔주리라 기대했던 강연을 듣고 나서 강연자에게 뚜벅뚜벅 걸어가 이렇게 묻는다면 어떨까. "선생님은 왜 강연을 하시나요?"

그는 말한다. "내가 나누고자 하는 내용을 믿기 때문이죠. … 하지만 사실은 돈을 벌기 위해서랍니다." 우엑, 그렇군요.

당신은 이렇게 말할 수도 있다. "마이크, 난 혁명을 일으키거나 새로운 종교를 창시하거나 시장에 거대한 돌풍을 몰고 오길 기대하지 않아요. 그저 진 빠지는 직장을 그만두고 싶을 뿐이라고요." 지금은 그래도 괜찮다. 하지만 이 분야에서 장기적인 성공을 거두고 싶다면 당신만의 관점을 세워야 한다.

앞에서 내가 무슨 말을 썼는지 돌이켜보고 곰곰이 생각해보자. 나는 텔레마케터 경험을 언급하면서 마케팅에 대한 내 애정을 표현했지만, 한편으로는 좋은 사람들이 실패한 마케팅으로 시장에서 밀려나는 게 얼마나 싫은지, 얼마나 역겨운지도 함께 말했다. 이 책은 그 문제를 해결하고자 썼었다. 맥락(내 이야기)은 콘텐츠(내가 이 책에서 하는 조언들)의 기틀이 된다. 이런 말도 있지 않은가. "콘텐츠가 왕이라면, 맥락은 나라다."

이제 당신의 목적에 맞게 PB3 질문을 활용하는 방법을 구체적인 예시로 보여주겠다. 이를 위해 내 이야기를 좀 더 들려줄 것이다.

▋ 내가 참을 수 없는 일은 무엇인가?

때는 2013년, 어머니와 여동생 부부가 추수감사절을 맞이해 우리 집을 방문했다. 추수감사절에 가족을 초대한 적은 없어서 무척이나 신이 났다. 새벽 1시, 다른 사람들은 모두 잠이 들고 어머니와 나는 밤새 술을 마시며 대화를 나누었다. 다른 누구도 아닌 어머니와 취하도록 술을 마신 경험은 처음이었는데, 이야기가 생각하지 못한 방향으로 나아가기 시작했다. 어머니는 영어 실력이 약간 서투르신데, 그런 어머니의 두서없는 이야기를 여러분을 위해 정리해보겠다.

"마이크, 내가 한국에서 살던 십 대 시절에 아버지가 잠에 드신 후에 언니랑 찬장에서 위스키를 훔친 적이 있어. 그리고 몰래 집을 빠져나와서 친구네 집까지 달려갔지. 우리 모두 엄청나게 취했었단다. 그러고 나서 빈 병을 제자리에 돌려놨는데 글쎄, 아버지는 그걸 당신이 마신 줄 알더라니까!"

"마이크, 언젠가 네가 갓난아이였을 때, 친구 몇 명이 놀러 온 적이 있어. 막 이가 나던 시기라 네가 간지러워서 울어대니까 네 아빠가 네 잇몸에 위스키를 문지르지 뭐니. 그렇게 하니까 곯아떨어져서 밤새 잘도 자더구나. 네 얼굴이 빨개져서 걱정되긴 했는데 뭐, 넌 지금도 멀쩡히 잘 살아 있잖니. 바로 그때가 네가 처음 술을 마시고 취한 날이란다!" (엄마, 대체 무슨 말씀을 하시는 거예요…?)

"마이크, 엄마가 어렸을 때는 데이트 앱 같은 건 없었어. 그래서 누굴 만나려면 소개팅이 필수였지. 어느 날 친구 한 명이 소개팅에 혼자 가기 무섭다고 하더라. 그래서 친구 여럿이 따라가서 소개팅하는 식당의 다른 테이블에 앉아 훔쳐봤어. 털이 엄청 많고 작달막한 남자가 뒤뚱뒤뚱 걸어오는데, 그 모습이 꼭 판다 곰 같았어. 그래서 우리는 그 남자를 '판다 오빠'라고 불렀지. 내 친구는 그날 저녁 내내 웃기만 하더니 이듬해 학교를 그만두고 판다 오빠랑 결혼했지 뭐니! 그 시절엔 그렇게 데이트를 했단다. 날 웃게 해주고, 좋은 사람으로 만들어주는 사람이랑 결혼하는 게 최고지. 그 둘은 아직도 행복하게 잘 살아!"

나다움으로 시작하는 퍼스널 브랜딩

내 반응이 어땠을지 여러분도 상상이 가리라. 어머니도 한때 이상한 행동을 했었다는 사실에 놀라 엄청나게 웃어대고, 내가 무사히 자란 데 감사했다. 다음 날 내가 출근을 해야 한다는 작은 문제만 없었더라면 나는 어머니와 몇 시간이고 술을 더 마셨을 것이다.

당시 나는 뉴욕시 외곽에 위치한 학원에서 마케팅 총괄 책임자로 일하고 있었다. 바로 그날, 집에 가족들을 남겨두고 한 시간을 운전해서 일하러 가야 한다는 사실이 정말 짜증났다.

온갖 생각이 머릿속을 스쳤다. 어머니가 집으로 돌아가시는 길에 차 사고가 나면 어쩜담? 내가 엄마와 이런 대화를 나누는 게 마지막은 아닐까? 어째서 사랑하는 사람과 시간을 보내는 데 다른 사람의 허락이 필요하지? 도대체 왜 일주일에 60시간이나 직장에서 일해야 하나?

나는 이 상황이 괜찮지 않았다. 내게 결정권이 없었기 때문이다. 일을 더 많이 해야 하는 상황이 되었을 때, 당신을 대신해 "아니요"라고 말해주는 사람은 극히 드물다. 그게 부당하다고 느껴지자 사업을 하고 싶은 욕구가 미친 듯이 끓어올랐다. 가족과 시간을 보내고 싶은데 그걸 다른 사람이 허락해야 하는 상황을 되풀이하지 않겠다는 마음뿐이었다. 이 일이 동기가 되어 18개월 후에 직장을 그만두고 오롯이 나를 위한 사업을 하기로 마음먹었다.

누군가 사업을 시작한 계기를 물어보면 나는 이 추수감사절 이야기를 한다. 팟캐스트와 인터뷰, 강연장에서도 했는데 많은 사람이 이 이야기가 가장 감동적이었다고 말했다. 이 이야기는 강연, 웨비나(온라인으로 진행되는 세미나), SNS와 이 책에 이르기까지 마케팅 활동을 하는 곳이라면 어디에서나 언급된다. 그리고 비즈니스와 인생을 바라보는 내 관점의 뼈대를 구성한다.

내 관점을 세우는 두 번째 질문은 다음과 같다. "나를 마음 아프게 하는 일은 무엇인가?"

나를 마음 아프게 하는 일은 무엇인가?

사업을 시작한 지 일 년쯤 되었을 때, 친구 제이슨 클레멘트와 조디 마베리가 콘퍼런스 행사를 도우러 왔다. 행사 당일 오전, 우리는 북부 뉴저지에서 가장 긴 도로 중 하나인 킨더카맥을 달리고 있었다. 킨더카맥 도로는 수많은 도시를 연결하고 있으며, 월요일과 금요일 사이 오전에는 한 정거장마다 버스를 기다리는 통근자들로 꽉 차 있었다.

그날은 마침 비가 내려 정거장에 사람들이 서 있는 모습이 힘들어 보였다. 나는 이런 말을 했던 것 같다. "친구들, 좋아하는 일을 하며 사는 건 참 행운인 것 같아. 이런 날씨에 버스를 기다리는 사람들을 보니 마음이 안 좋네. 저 사람들은 그만큼 직장을 좋아할까? 분명 저들도 지혜롭고 똑똑하겠지만 고된 일에 치여 사느라 그 사실을 깨닫지 못하고 있겠지. 힘들게 출근하고 지친 상태로 집에 돌아와서 식구들과 보낼 여유조차 없이 잠이 들고…. 이런 일상을 매일매일 반복하겠지. 그래서 세상이 더 나아지지 않는 거야!"

섣불리 일반화하거나 판단하거나 잘난척하려는 게 아니다. 나 역시 오랜 시간을 그렇게 살았다. 많은 사람이 인기 드라마 《워킹 데드》 속 좀비처럼 살아가고 있다는 생각이 들었다. 마음 아픈 일이다.

학원에서 마케팅 일을 하던 초기에 나는 동료들과 인생에서 정말 하고 싶은 일이 무엇인지에 관한 대화를 가끔 나누었다. 그들은 내가 아는 가장 똑똑한 사람들이었다(쿠퍼유니언, 컬럼비아대학교 등 유수의 대학 출신들이었다). 다만 자기 안에 다른 일을 할 수 있는 뭔가가 내재한다고 믿지 않았을 뿐이다(혹은 그런 생각을 허용하지 않았다).

그 시절 나는 동료들이나 학생들과 정말로 원하는 인생을 만들어가는 일에 관해 많은 의견을 주고받았다. SNS의 마법 덕분에 내가 예전에 가르쳤던 학생들의 소식을 종종 듣는다. 이제는 모두 성인이 되었다. 누군가는 의사가 되었고 누군가는 창업을 했으며 누군가는 결혼을 했다. 그 친구들은 아직도 우리가 나누었던 '인생 대화'를 기억하고 있으며, 원하는 일을 하고 살라는 말을 해줘서 고맙다고 말한다. 다른 사람들은 그렇게 말하지 않기 때문이다. 내가 이 책을 통해 당신에게 전하고 싶은 말도 같다. 당신이 살고 싶은 삶을 살기를 바란다.

《워킹 데드》 비유는 내가 고객들에게 느끼는 연민과 비즈니스 관점을 전달하기에 충분하다. 강연장이나 여러 플랫폼에서 이 이야기를 하면 곧바로 사람들은 얼마나 많은 이가 직장에서 행복하지 않은지, 어째서 자신이 사랑하고 믿는 일을 하는 게 중요한지를 입에 올린다.

▎ 내가 해결하려는 문제는 무엇인가?

당신은 이제 무엇을 자신의 관점으로 삼을지 미리 생각하면서 마케팅 컨설턴트에게 웹사이트나 명함에 박아 넣을 슬로건 또는 캐치프레이즈를 의뢰하고 싶은 유혹에 빠질 수 있다. 나는 그렇게 하지 말라고 권하고 싶다. 아니, 하지 마라!

나는 특별히 '슬로건'을 언급했다. 얼마나 많은 사람이 슬로건 작성을 도와달라고 요청하는지를 알고 놀랐기 때문이다. 마치 그 한 문장이 자신과 경쟁자를 차별화시켜주는 마법이라도 부린다고 생각하는 듯했다. 캐치프레이즈는 그 자체로는 가치

나다움으로 시작하는 퍼스널 브랜딩

가 없다. 가치는 오히려 문장이 담고 있는 의미, 맥락에 있다.

우리 세대에 가장 유명한 슬로건 중 하나는 나이키의 'Just Do It'이다. 같은 문장이 도넛 가게나 스카이다이빙 회사 창에 붙어 있다고 생각해보자. 똑같은 문장이지만 메시지는 완벽하게 달라진다. 기억하라. 콘텐츠가 왕이라면, 맥락은 나라다.

슬로건으로 말하자면 내 회사는 수익성 있는 퍼스널 브랜드 비즈니스를 시작하고 운영하고 성장시키는 일을 돕기 위해 존재한다. 이것이 내가 해결하려는 문제다. 좀 더 길게 말하면, "당신 고유의 전문성을 드러내고 자기 충족감을 느낄 만한 고수익 비즈니스를 구축하는 8단계 청사진을 가르친다"다. 몇 년째 팟캐스트를 마무리할 때 하는 말도 있다. "당신의 신조대로 살고 당신의 일을 사랑하며 세상에 족적을 남기세요."

이 문장들은 한자리에 앉아서 고뇌한 끝에 나온 것이 아니다. 나는 좋은 슬로건을 만들기 위해 수많은 시간을 낭비했다. 이 문장들은 수년간 콘텐츠를 만들고 고객들을 도우면서 생겨난 내 관점에서 자연스럽게 나온 것이다.

나는 사람들이 그저 슬로건 때문에 내게 돈을 내고 일을 맡긴다고 생각하지 않는다. 그들은 내가 브랜딩과 마케팅에 관한 명확한 관점을 가지고 있기 때문에 비용을 지불한다. 내가 콘텐츠를 만들고 전문성을 키워왔기에 비용을 지불한다. 그들이 내가 일하는 방식을 마음에 들어하고 실제로 결과를 내기 때문에 비용을 지불한다.

PB3에 관한 자신의 대답을 살펴보면, 스스로 찾아낸 결과물에 놀랄 것이다. 나도 그랬다.

시간이 조금 흐른 뒤 PB3 답을 다시 들여다봤을 때 내 비즈니스적 관점이 크게 변했다.

나는 이렇게 말하지 않았다. "무엇이 나를 참을 수 없게 만드는지 아는가? 정말로 못 만든 광고!"

나는 또한 이렇게 말하지 않았다. "무엇이 내 마음을 아프게 하는지 아는가? 허술한 웹사이트, 바보 같은 폰트!" 물론 아침에 일어나 이상한 광고를 보고 짜증을 내는 사람들도 존재한다. 광고 대행사에 다니거나 내 친구 제이슨 클레멘트처럼 디자인 계통에서 일하는 사람들 말이다. 다행히 제이슨 같은 사람들은 자기 자리를 잘 찾았고, 이로써 세상은 더 나아졌다.

나는 내 사업이 마케팅이나 브랜딩의 개념을 넘어선다는 사실을 깨달았다. PB3를 다시 살펴보니 내가 마케터 이상의 일을 하고 있었다. (내 입으로 말하긴 쑥스럽지만) 나는 사람들이 기업가가 되고 자신을 시장에 내보일 수 있도록 돕는 인생 코치였다. 이 사실을 깨닫자 퍼스널 브랜딩을 시작하고 키우는 일을 돕는 데 더 큰 동기부여를 얻었고 열정이 솟구쳤다.

PB3를 통해 자신의 관점을 형성할 때에는 그저 자신에게 솔직하기만 하면 된다. 나는 '내가 가진 것에 만족하자'는 미명 아래 진짜 욕구를 묻어두고 몇 년을 보냈다. 가진 것에 감사하며 살 수는 있다. 하지만 다른 무언가를 원하는 마음은 남기 마련이다. 정직한 마음이 억눌리고 감사함이 줄어들면, 가짜 감사를 하면서 진정성 없는 삶을 살아가게 된다.

인생은 긴장감 덕분에 돌아간다. 빛과 어둠이 존재한다. 선과 악, 기쁨과 고통이 존재한다. 나는 스스로 공감력이 뛰어난 사람이라고 여기며 사람들을 격려하고 긍정적으로 밀어붙이는 일을 전적으로 지지한다. 하지만 갈등, 고통, 마찰이 큰 촉매가 된다는 사실을 부정하지는 못한다. 타이어와 노면 사이 마찰이 없으면 자동차는 움직일 수 없다. 마찰은 우리의 친구다. 내가 '무엇을 참을 수 없는가?'라고 묻는 이유가 바로 여기에 있다.

그런데 직업이나 브랜드 정체성을 완전히 바꾸고 싶을 때 어떻게 방향을 잡아야 할까?

▎굴욕 셀카 이용하기

이 이상한 전략의 개발자 이름이 '마이크 김'이라는 것을 인정해야겠다. 나 또한 이전에 들어본 적도, 경험해본 적도 없는 방법이며, 순수하게 내 배배 꼬인 마음에서 나온 거라고 자랑스럽게 소개할 수 있다.

굴욕 셀카는 회사에서 마케터로 일할 때 만든 것이다. 다시 한번 말하지만 나는 그때 당시 내 일에 감사하다. 돈도 제법 잘 벌었고, 회사에서 평판도 좋았으며, 그곳에 있는 시간 동안 이루 말할 수 없이 가치 있는 교훈을 배웠다.

하지만 한편으로 나는 정말 가여웠다. 나는 그런 순간마다 (몰래) 셀카를 찍어서 내가 행복하지 않다는 사실을 스스로에게 일깨웠다.

사진을 보라. 언젠가 이 사진이 메트로폴리탄 미술관에 있는 '현대인의 생활' 전시관 벽에 걸리는 영광을 누리길 바란다. 제목은 '콘퍼런스 통화로 인한 죽음의 4단계'다.

이 사진은 내가 사업을 준비하는 과정에서 포기하고 싶을 때마다 스스로를 계속 밀어붙이고 그 여정을 나아가도록 북돋웠다. 나는 휴대전화에 이 사진을 보관하고 직장에 눌러앉고 싶은 충동이 들 때마다 열어 보았다. 회사에서 열린 파티를 즐긴 뒤에도 일부러 그렇게 했다. 직장에 즐거운 이벤트가 있을 때마다 다시 일상에 안주하고 싶은 충동이 들었기 때문이다(회사는 교묘하게 이런 식의 함정을 갖추고 있다). '음, 그렇게 나쁘지 않아. 이 일을 하고 있다는 데 감사해야지!'라고 생각하는 나를 깨닫는 순간, 급하게 굴욕 셀카를 꺼내 들었다.

지금은 내 사업을 시작한 지 몇 년이나 흘렀지만, 기술적인 일이나 예산 계획, 회계 업무 등 진이 빠지는 일을 할 때마다

여전히 이 전략을 사용한다. 굴욕 셀카는 나를 적절하게 도와주고 이 일을 지속해나갈 수 있게 해준다.

언젠가 한 현자가 이렇게 말했다. "삶에 동기를 부여하는 것은 두 가지다. 하나는 고통에 대한 두려움이고 다른 하나는 행복하고 싶은 욕망이다." 굴욕 셀카, 한번 찍어보라.

▌ 대비의 힘

굴욕 셀카나 마찰을 운운하고, 자신이 가장 참을 수 없는 것이 무엇인지 물으라는 이야기를 듣고 내가 부정적인 사람이라고 생각할 수도 있겠다. 나는 당신이 대비를 통해 명확성을 얻길 바란다. 대비 작업은 명확성, 작업 정체성, 차별성을 얻게 해준다(나는 연단에서 강연할 때 검은색 옷을 입지 않는데, 대부분 내 뒤에 검은 장막이 있기 때문이다. 검은 옷을 입으면 배경과 섞여 잘 구분되지 않는다).

차가 눈에 처박혔는데 삽이 없다면 어떻게 할까? 도로 위로 올라갈 견인력을 얻기 위해 차를 앞뒤로 움직이고 운전대를 이리저리 움직여서 방향을 바꿔볼 것이다. 당신의 에너지가 계속 한 방향으로만 흐르면 헛바퀴만 돌 뿐이다.

반대되는 것, 즉 대비는 강력한 돌파구로 나아가게 해준다. 다음 예시를 보라.

1. 원래의 답: 내가 가족과 보내는 시간을 다른 누군가가 결정한다는 사실을 참을 수 없다.
2. 반대되는 답: 나는 스스로 자유, 시간, 미래의 주인이 되고, 더 나아가 다른 사람들도 이를 똑같이 누려야 한다는 믿음에서 사업을 시작했다.

나다움으로 시작하는 퍼스널 브랜딩

자, 당신은 무엇을 참을 수 없는가? 무엇이 당신의 마음을 아프게 하는가? 당신이 풀고자 하는 문제는 무엇인가? 이 세 가지 질문에 대한 답이 퍼스널 스토리의 바탕이 된다.

이 일이 재미있게 느껴지길 바란다. 다소 막연한가? 정상이다. 명확성은 행동하는 동시에 숙고하는 데서 온다. 그러니 행동과 숙고의 춤사위에 익숙해지자.

체크리스트

Q1. 내가 참을 수 없는 일은 무엇인가?

Q2. 나를 마음 아프게 하는 일은 무엇인가?

Q3. 내가 해결하려는 문제는 무엇인가?

제4장

2P: 퍼스널 스토리
Personal Stories

∘ 섞지 않기 ∘

내가 어렸을 때 어머니가 집에서 녹즙을 갈아 마시는 데 흠뻑 빠지신 적이 있다. 심야 시간대 광고부터 잡지, 토크쇼에 이르기까지 '주스맨'이라는 녹즙기가 빠짐없이 등장했다. 나중에는 잭 라레인이라는 피트니스계의 대부가 '파워 주서'라는 경쟁 상품을 출시했는데, 이미 충분한 인지도를 확보한 '라레인'이라는 브랜드의 힘으로 우뚝 섰다.

잭 라레인이 텔레비전 방송에서 턱걸이를 엄청나게 하면서, 자기는 녹즙을 (물론 파워 주서로 간 주스다) 마시니 70대에도 이렇게 할 수 있다고 말하던 모습이 아직도 눈에 선하다.

이것이 바로 퍼스널 브랜드의 힘이다! 퍼스널 브랜드는 사람들로 하여금 물건을 사게 하거나 어떤 행동을 하도록 만든다.

이름이 없거나 잘 알려지지 않은 상품(일)이라면 그렇게 하지 못할 것이다. 당시에는 동네마다 잭 라레인의 피트니스 클럽이 여러 군데 있었고, 어머니라면 당연히 파워 주서를 선택하실 거라고 충분히 예상할 수 있었다. 어머니는 잭 라레인이라는 브랜드에 친숙하셨으며 텔레비전 방송에서 그를 수차례 보셨기 때문이다.

학교 가는 아침에 어머니가 갈아주신 녹즙을 처음 마셨던 일은 평생 잊지 못할 것이다. 내가 열 살 때쯤이었는데, 아직도 그 끔찍한 맛이 기억난다. 대체 뭘 갈아서 만든 건지 도무지 짐작이 가지 않았다. 비트? 무? 상추? 시금치? 혹시 우리 집 뒷마당에 핀 이끼를 넣은 건 아닐까? 음료는 갈색과 초록색이 섞인 역겨운 회색이 감도는 색이었다. 영양이야 풍부했겠지만 맛은 끔찍했고 두 번 다시 시도하고 싶지 않았다.

나는 그 색을 어떻게 설명해야 할지 혼란스러웠는데, 친구 션 프리츠코가 "죄다 섞인 회색blender gray"이라고 표현하는 걸 듣고 무릎을 탁 쳤다. 이후로 나는 녹즙 일화를 언급할 때마다 '죄다 섞인 회색'이라고 말한다. 죄다 섞어 만든 녹즙 이야기에서 도출할 수 있는 교훈이 하나 있다. 마케팅 영역에서 퍼스널 스토리를 의도에 따라 적절하게 사용하지 않으면, 브랜드가 '죄다 섞인 회색'이 된다는 말이다.

퍼스널 스토리는 당신의 브랜드가
회색이 되지 않게 해준다

퍼스널 스토리는 당신을 다른 사람과 구별되게 해준다. 브랜드에서 퍼스널 스토리가 중요한 이유는 이 때문이다. 당신의 퍼스널 스토리는 본질적으로 고유한 구매 제안이 된다. 당신만의 스토리와 경쟁할 수 있는 사람은 아무도 없다.

동네 서점에 가서 자기 계발 서가를 한 바퀴 둘러보라. 책마다 담고 있는 메시지가 정말로 다 다른가? 다른 책과 구분되는 고유한 메시지가 있는가? 멋진 책 제목과 눈에 띄는 표지도 그럴듯하지만, 그 책을 다른 책들과 차별화하는 것은 책을 쓴 사람에게 있다.

앞서 말했다시피 내가 마케팅에서 느낀 모든 것을 한 문장으로 정리하면 다음과 같다. "마케팅은 판매를 성사시키는 일이 아니다. 관계를 여는 일이다."

퍼스널 스토리가 바로 이 일을 해준다. 지금까지 이야기한 내 퍼스널 스토리는 이 책을 읽는 독자에게 내가 왜 이 책을 썼으며, 어째서 일에 열정적으로 임하는지에 관한 맥락을 제공한다. 당신의 무기고에 있는 퍼스널 스토리 역시 이와 같은 역할을 한다.

일상에서 퍼스널 스토리를 만드는 방법

마케팅에서 사용할 수 있는 퍼스널 스토리의 종류를 살펴보기 전에, 퍼스널 스토리를 어떻게 만들 수 있을지 빠르게 살펴보자. 멋진 스토리텔링은 언변이나 글솜씨가 뛰어난 사람만 할 수 있다고 오해하기 쉽지만, 스토리텔링은 생각 이상으로 우리에게 자연스러운 일이다. 그리스 철학자 아리스토텔레스가 연구한 극작 및 스토리텔링 방법론을 염두에 두고 적용해보라. 아리스토텔레스의 극작론은 퍼스널 스토리의 골격을 짜는 데 중요한 역할을 하면서도, 쉽게 할 수 있도록 도와준다.

좋은 스토리는 등장인물에게 일어나는 도발적 사건을 포함하고 있다. 이 사건으로 등장인물은 남은 스토리 동안 행동을

취한다. 스토리를 쓸 때 종종 자기만의 방식으로 쓰지 못하는 것은 우리가 '글쓰기 모드'에 돌입하기 때문이다. 당연한 일이다. 살아온 대부분의 시간 동안, 특히 학교에서 우리는 스토리가 아닌 '에세이' 쓰는 법을 배운다. 누군가에게 스토리를 들려줄 때 우리는 자연스럽게 사건에서 시작한다. 예를 들어, 애인이 당신에게 오늘 회사에서 어땠느냐고 물어보면 당신은 다음과 같이 말할 것이다.

"마이크가 회의에서 말도 안 되게 멍청한 짓을 했어!"
"아침에 차에서 내리다가 휴대전화를 떨어뜨려서 박살냈어!"
"퇴근하려는데 사장이 부르더니 회사 마케팅 팀을 맡게 되면 얼마를 받고 싶냐고 단도직입적으로 묻는 거 있지?"

나는 《내셔널 지오그래픽》 같이 야생 동물이 등장하는 텔레비전 프로그램을 좋아한다. 이런 프로그램에도 스토리가 있다. 얼룩말이 평소처럼 초원을 어슬렁거리는데, 갑자기 긴장감 도는 음악이 흘러나오면서 굶주린 하이에나 떼가 몰려온다. 이것이 바로 도발적 사건이다.

도발적 사건은 스토리텔링에 결정적인 역할을 한다. 저녁 식사 자리에서 누가 스토리를 들려주는 와중에 '본론으로 빨리 좀 들어가지'라는 생각이 든다면, 그건 도발적 사건이 나오기까지 너무 오래 끌었다는 뜻이다.

퍼스널 스토리의 세 가지 유형

마케팅에 필요한 스토리는 일반적으로 세 종류인데, 모두 지나치게 상세하지 않아도 괜찮다. 한 가지 더 좋은 소식은 퍼스널 스토리라고 해서 당신의 사적인 인생사를 말하는 게 아니라는 점이다.

많은 사람들이 어떤 이야기를 할지 너무 깊게 생각하는 경향이 있다. 퍼스널 스토리라면 자서전이라도 써야 하는 게 아닌가 생각하기 때문이다. 그럴 필요는 없다. 고객들은 당신의 인생사에 관심이 없다. 당신의 배경을 약간만 알고 싶을 뿐이다. 당신이 어째서 지금 일을 하는지, 자신의 문제를 해결해줄 수 있을지 없을지와 관련해서 말이다. 당신이 할 수 있는 퍼스널 스토리는 다음과 같다.

1. 창업 스토리
2. 비즈니스 스토리
3. 고객 스토리

1. 창업 스토리: 내가 참을 수 없는 일은 무엇인가? 나를 마음 아프게 하는 일은 무엇인가?

창업 스토리를 쓸 때 핵심은 PB3의 대답을 이용하는 것이다. "내가 참을 수 없는 일은 무엇인가? 나를 마음 아프게 하는 일은 무엇인가?"

비영리 조직을 대상으로 자금 조달 컨설턴트 일을 하는 내 친구 메리 발로니는 이것으로 막대한 마케팅 효과를 보았다. 당신이 메리와 함께 일을 한다면, 즉시 그녀가 무엇을 참을 수 없어 하는지, 무엇이 그녀의 마음을 아프게 하는지 알 수 있을 것이다. 여기서 답을 알려주자면, 그녀를 움직이는 것은 사람이든 조직이든 필요한 도움을 받지 못하는 경우다. 비영리 조직은 사람들을 돕기 위해 필요한 자금을 모으는 데 항상 어려움을 겪는다.

메리는 이렇게 쓴다.

> 노스다코타대학교 4학년 시절, 나는 자금 조달 내역을 감사하는 학내 부서에서 인턴으로 일했고 공식적인 업무 외에 개인적으로도 후원금을 모았다. 그때 내가 이 일을 얼마나 좋아하는지 깨달았다.
>
> 나는 대가족 사이에서 자랐고(동생이 일곱 명이나 된다!) 그 덕분에 노력의 가치와 후원금을 모으려면 창의력이 필요하다는 사실을

일찍부터 배웠다. 부모님은 우리가 바라는 일을 모두 지원해줄 여력이 없으셨다. 나는 축구 클럽, 학교 콘퍼런스와 각종 대회 및 선교 여행에 참여하기 위해 자금을 모았다.

결국 전문 축구 선수나 선교사가 되지는 못했지만, 그때 아이스크림을 팔고 후원 편지를 쓰면서 배웠던 기술이 오늘날 조직이나 개인으로 하여금 성과 중심의 모금이라는 새로운 사업을 시작할 수 있도록 돕는 일의 근간이 됐다.

나는 2001년부터 2014년까지 미국에서 가장 규모가 크고 높이 평가받는 자선 단체들(미국암학회, 미국루게릭협회, 스페셜올림픽 등)이 후원금을 모금하는 일을 도왔다. 그러면서 나는 물론이고, 함께 일한 조직들 또한 수천만 달러 예산을 집행하는 기관으로 성장했다.

이것이 바로 메리의 창업 스토리다. 그가 왜 모금 활동을 좋아하고, 어떻게 다양한 조직에서 수년간 일할 수 있었는지를 보여준다.

2. 비즈니스 스토리: 내가 해결하려는 문제는 무엇인가?

비즈니스 스토리는 회사의 근간이 되는 '이유'다. 1인 기업가도 마찬가지다. 웹사이트, 팟캐스트, 컨설팅 활동을 시작한 동기動機가 특징이 될 수 있다. 이 이야기를 어떤 상품이나 프로그램, 서비스를 만든 배경을 설명하는 데 활용할 수도 있다.

비즈니스 스토리를 짓는 가장 쉬운 방법 역시 PB3 질문의 답에서 찾을 수 있다. "내가 해결하려는 문제는 무엇인가?"에 대한 답을 도발적 사건과 묶는 것이다. 이어서 메리의 비즈니스 이야기를 소개하겠다. 도발적 사건이 보이는가?

2013년 여름, 미국암협회에서 일할 때였다. 나는 아버지를 암으로 잃고 인생의 변환점에 서 있었다. 우선, 내게 남은 나날이 얼마나 될지 생각하게 되었다. 이듬해 회사를 그만두고 자금 조달 컨설턴트로서 일하기 위해 창업 여정에 뛰어들었다.

2014년 메리 발로니 컨설팅 회사가 탄생했고, 수만 명이 내 코칭에 영향을 받았다. 첫 책 『성공적인 모금의 7단계Fundraising Freedom』는 아마존 베스트셀러 1위에 오르고 수상의 영광까지 안았으며, 팟캐스트 '더 풀리 펀디드 팟캐스트the Fully Funded Podcast'은 관련 분야에서 10위 안에 들었다.

상실의 경험을 공개적으로 이야기하기란 무척이나 용기가 필요한 일이다. 하지만 메리의 스토리가 통하는 이유가 바로 여기에 있다. 진정성이 있으며 그녀의 내면에서 우러러 나온 이야기이기에 모두에게 자연스럽게 전달된다.

반대 사례는 오래전부터 마케팅계에서 통용되는 다음과 같은 말로 설명할 수 있다. "우리는 고객사가 현재 있는 곳과 앞으로 가고 싶은 곳 사이에 다리를 놓아줍니다"라거나 "우리는 고객의 비즈니스, 커리어, 인생을 끌어올리는 방법을 분명하게 알려줍니다" 같은 말이다. 틀린 말은 아니지만, 퍼스널 스토리가 없는 슬로건이란 죄다 섞은 이상한 회색 주스와 같다. 메리는 도발적 사건을 바탕으로 진솔하게 본인의 스토리를 풀었기 때문에 마케팅 노이즈를 뚫고 나아갈 수 있었다.

퍼스널 스토리에서 도발적 사건이 아주 심각하거나 중대한 상황일 필요는 없다. 어떤 동영상 강의를 보고 영감이 떠올랐다든가, 우연히 본 조언 하나를 꾸준히 따르고 있다든가 하는 단순한 것도 될 수 있다. 그저 간단한 계기만으로 충분하다.

메리의 창업 스토리에서 도발적 사건은 자금 조달 내역을 감사하는 학내 부서에서 일하게 된 것이다. 영화 같은 순간은 아니다. 비즈니스 스토리의 도발적 사건은 어쩌다 보니 좀 더 심각하게 전개되긴 했지만, 어쨌든 두 가지 사건 모두 그녀의 메시지에 중요한 역할을 한다. 핵심은 도발적 사건을 중심으로 이야기를 만드는 것이다. 어떤 이야기든 상관없다.

2018년 메리와 나는 함께 기업체를 대상으로 하는 일종의 훈련 프로그램 사업 '더 풀리 펀디드 아카데미*the Fully Funded Academy*'를 시작했다. 비영리단체들이 더 많은 모금액을 모을 수 있도록 훈련하는 회사다. 회사를 시작하면서 우리는 당연히 회사의 비즈니스 스토리를 만들었다. 그 이야기는 다음과 같다. 메리와 내가 어떤 콘퍼런스에서 공통의 지인을 통해 인사를 주고받고 함께 이야기를 나누다가 콘퍼런스 책자 뒤에 비즈니스 계획을 썼고, 넉 달 후 처음으로 함께 워크숍을 했다는 줄거리다.

고객은 우리 회의가 어떻게 마무리되고 함께 일하게 되었는지 알고 싶어 한다. 고객이 진정으로 찾는 것은 연결성connection이다. 메리와 나 사이의 파트너십이 견고한지, 멋진 팀을 이루고 있는지, 우리 회사가 믿을 만한지를 알고 싶어 한다. 우리의 비즈니스 스토리는 그녀와 내가 동업할 운명이었다는 느낌을 전달한다.

우리는 매년 창립 기념일 행사를 열어서 고객들에게 감사 인사와 특별한 제안을 한다. 비영리 조직을 운영하거나 그곳에서 근무하고 있다면 비즈니스 스토리는 무척 중요하다. 거듭 말하지만, 비즈니스란 영리를 목적으로 문제를 해결하는 일이다. 그러나 세상에는 비영리적으로 해결해야 하는 문제 또한 존재한다. 이것이 비영리 조직이 필요한 이유다.

비영리 조직의 비즈니스 스토리는 조직의 이야기가 기본이 되어야 한다. 이 조직을 어떻게 시작하게 되었는가? 우리는 어떤 문제를 해결하려고 하는가? 이와 같은 세세한 내용을 공유해서 형성되는 연결감이 많은 후원자를 모집해준다는 사실에 놀랄지도 모른다.

3. 고객 스토리

고객 스토리는 당신과 일을 해서 변화를 겪은 사람의 이야기다. 내 브랜드를 홍보하기 위해 자주 하고 다니는 예전 고객 맷의 이야기를 들려주겠다. 맷은 내 코칭 프로그램에 등록하고 일상의 쳇바퀴에서 벗어났다. 그는 완전히 새로운 니치 시장에서 사업을 시작했으며, 나와 함께 일한 지 몇 주 지나지 않아 돈을 벌기 시작했다. 맷에게 벌어진 도발적 사건은 분명하다.

나는 전 직장에서 10년쯤 일했다. 그날도 별 다름없는 화요일이었고 나는 평소처럼 출근했다. 오전 10시 30분, 나는 퇴직금을 받고 회사 건물 문 앞에 서 있었다. 짐이 담긴 상자들을 자전거로 옮길 수가 없어서 콜택시를 불러야 했다.

그날은 그해의 가장 멋진 날이었다. 햇살이 건물 외벽에 반사되었다. 오전 10시 30분이었다. "이제 뭐 하지? 나는 지금 뭘 하는 거지?" 이런 생각을 하며 걸음을 옮겼다.

친구네 집에 갔더니 친구가 퇴직금을 받았느냐고 물었고, 그렇다고 대답하자 친구가 미소를 지으며 말했다. "그럼 그걸로 창업해!" 그 말이 내게 큰 전환점이 되었다. 내가 흘려보내지 않은 그 생각은 믿을 수 없는 기회를 선사하고, 내 사업의 중심축이 되었다.

직업을 바꾸려는 사람들에게 내가 하는 말이 있다. 일단 시작하라는 것이다. 투자하고, 네트워크를 만들고, 비즈니스를 세워라.

나는 첫 고객과 계약할 때 마이크가 사용하는 서식을 이용했다. 결과는 놀라웠다. 12쪽짜리 전자책을 집필하고, 10달러의 가격을 책정했다. 이 책은 새로운 고객을 만나게 해줬다. 그렇게 내게 돌아온 최종 보상은 5천 달러 정도였다. 그리고 지금도 팔리고 있다!

스토리는 과하게 복잡할 필요가 없다. 나는 맷의 인생 역정을 이야기하지 않았다. 그저 그가 겪은 도발적 사건을 중심으로 스토리의 틀을 짜고, 내가 고객을 어떻게 도울 수 있는지를 보여줬다. 단기간 내에 수익을 창출했다는 짧은 추천사까지 얹는다면 화룡점정이다.

이제 더 많은 고객 스토리를 쌓을 수 있도록 끝내주는 추천사를 얻게 해줄 좋은 방법을 소개한다.

끝내주는 고객 추천사를 모으는 법

당신이 직접 고객 스토리를 작성하든, 고객에게 추천사를 부탁하든, 핵심은 당신의 가치와 당신이 고객에게 가져다준 결과를 담은 올바른 추천사를 얻어내야 한다는 것이다.

추천사는 당신의 능력 이상으로 '소개장'같이 보여야 한다. "마이크는 멋진 사람이에요! 그를 강력 추천합니다!"는 멋지긴

하지만 비즈니스에 관한 내용, 즉 어떤 결과를 냈는지, 어떻게 결과를 얻었는지가 누락되었다.

추천사를 얻어낼 대상이 당신에게 호의를 가지고 있더라도, 대부분은 다음과 같을 것이다.

1. 너무 바빠서 추천사를 쓸 생각을 하지 못한다.
2. 글을 잘 못쓴다.

더 나은 고객 추천사를 모으기 위해 나는 고객에게 특정한 생각을 떠올리도록 유도하고, 도발적 사건이 무르익도록 돕는 '채우기 양식'을 사용한다. 이렇게 하면 나는 결과에 기반한 응답을 얻을 수 있고, 고객은 글을 쓰려고 머리를 쥐어짜다가 지치지 않아도 된다.

간단한 추천사 양식을 만들어라. 온라인 서식이든, 메일로 첨부할 PDF 파일이든 상관없다. 다음의 문장을 담아 만들어라. 상대방이 괄호 안에 답변을 채워 넣으면 내용이 자연스럽게 전개되고, 웹사이트에 올리거나 마케팅 요소로 활용할 수 있는 고객 사례가 완성된다.

> **1. 고객의 배경**: "나는 [   ]에서 [   ] 일을 하고 있습니다. 우리 회사는 [   ] 일을 하는 곳입니다."

2. 고객이 된 계기: "우리가 가진 아이디어가 너무 광범위하고 많아서 그 지침을 얻기 위해…"

3. 외부 컨설턴트 영입 계기: "우리는 이같이 중대한 문제에 외부 컨설턴트의 조언을 듣게 될 줄은 미처 몰랐지만…"

4. 과정에 대한 감상: "마이크는 늘 한밤중에도 예기치 않은 일이 발생하면 즉시 전문적인 태도로…."

5. 컨설팅 결과: "몇 달 후 우리는 상품 출시에 대한 명확한 마케팅 전략을 얻게 되었으며…."

6. 추천의 글: "만약 당신이 [   ]한 경우, 마이크를 강력 추천합니다."

각자 상황에 맞추어 이 예문을 그대로 사용하거나 변형하면 된다. 전적으로 당신의 자유다. 양식을 만들어도 추천사를 얻기 어려울 수 있다. 이 경우에는 세 가지 대안이 있다.

1. 위 질문을 활용해 고객과 전화 인터뷰를 하고 추천사를 만들어라.
2. 직접 질문에 대한 답변을 쓰고 고객에게 검토를 요청해서 승낙받아라.
3. 온라인상이나 이메일을 주고받았을 때 등 고객이 당신에 대해 쓴 글이 있다면, 승낙을 받고 인용하라.

나다움으로 시작하는 퍼스널 브랜딩

퍼스널 스토리를 만들 때 이 점을 염두에 두라고 말하고 싶다. 너무 과하게 생각하고 쓰지 마라. 우리는 완벽함을 과대평가하고, 연결성을 과소평가한다. 실제로는 정반대다. 사람들은 완벽이 아닌 관계를 추구한다. 당신의 퍼스널 스토리가 지닌 힘에 기대고, 자신이 전달하려는 메시지가 마구 섞여 회색 주스처럼 되어버린 것은 아닌지 검토하자.

기억하라, 마케팅은 판매를 성사시키는 일이 아니다. 관계를 여는 일이다. 처음에는 그 일이 어색하겠지만, 자신의 스토리를 전달하다 보면 점점 편안해질 것이다. 자신의 스토리를 쓰자! 스토리를 완성했다면 이제 플랫폼을 통해 공유할 차례다.

체크리스트

Q1. 나의 창업 스토리는 무엇인가?

Q2. 나의 비즈니스 스토리는 무엇인가?

Q3. 나의 고객 스토리는 무엇인가?

세 가지 스토리를 작성할 때 도입, 도발적 사건, 해결법을 포함하는 것을 잊지 마라.

제5장

3P: 플랫폼
Platform

∘ 십이간지를 활용해 사업 계획 세우기 ∘

중고교 시절에는 주말이면 인근 쇼핑몰에 가서 시간을 보냈다. 뉴저지의 쇼핑몰은 엄청나게 규모가 크고 입구가 셀 수 없을 만큼 많다. 상점, 레스토랑, 서점이 넘쳐나고 쇼핑몰 입구는 복도 뒤에 가려져서 보이지 않는다.

어느 입구로 들어왔든, 일단 들어서면 쇼핑몰 안이다. 바로 이 장면이 당신에게 전달하고 싶은 그림이다. 수많은 플랫폼 사이에서 브랜드를 보여주려고 할 때, 쇼핑몰의 모습을 떠올리기를 바란다.

오늘날 브랜드는 쇼핑몰과 같아서 사람들이 당신을 마주칠 수 있는 경로는 무궁무진하다. 어떤 사람은 당신의 팟캐스트를 통해 당신을 알게 되거나 다른 누군가의 팟캐스트에 출연한 당신을 보고, 누군가는 당신이 콘퍼런스에서 강연하는 모습을 접한다. SNS 계정 또는 온라인에 돌아다니는 강의 영상을 본 사람도 있을 것이다. 친구나 직장 동료가 당신을 추천했을 수도 있다. 메시지와 이야기를 전달할 경로는 부족하지 않다. 그리고 이 모든 경로는 사람들을 당신과 당신의 '근거지home base'로 이어준다.

이 개념은 리더십 강연가 마이클 하얏트(그는 나의 첫 온라인 멘토이기도 하다)의 코칭 프로그램에서 알게 되었다. 그는 "온라인 근거지를 확실히 하라!"고 자주 말했다.

SNS, 팟캐스트 등 기타 플랫폼을 얼마나 활발하게 운영하는지와 상관없이 근거지를 갖추고 있어야 한다. 이는 필수다. 웹사이트, 메일링 리스트, 연락처 목록 같은 것들 말이다. 이것은 누구도 빼앗아갈 수 없는 자산이 된다.

만약 당신만의 웹사이트나 메일링 리스트를 갖추지 않는다면, 이는 월셋집과 자가 사이의 차이와 같은 효과를 낳는다. 자기 플랫폼이 없다면 월셋집에 거주하는 셈이다.

가령 당신의 스토리를 기록하는 페이스북 계정이 있다고 해보자. 페이스북은 마크 저커버그의 소유이지 당신의 것이 아니다. 당신은 그저 플랫폼을 빌려 쓰는 중이다. 수억 명의 사람들이 그렇게 하고 있다. 플랫폼의 소유자들은《어벤져스》시리즈의 악당 타노스처럼 손가락 하나로 당신을 지워버릴 수 있다.

불행하게도 당신은 한순간에 사라질 수 있다. 당신의 비즈니스 또한 마찬가지다.

당신이 지닌 열정, 꿈에 관한 이야기도 물론 중요하지만, 여기서 기억해야 하는 건 당신이 비즈니스를 구축하고 있다는 사실이다. 그리고 좋은 비즈니스에는 고객의 데이터베이스 발굴이 필요하다. 동네 피자 가게도 주소록, 전화번호, 이메일 목록을 보유하고 있다. 이 덕분에 가게를 홍보할 때 잠재 고객이나 과거에 주문한 기록이 있는 고객에게 쿠폰이나 신상품 전단을 쉽게 발송할 수 있다. 정보를 가지고 있기에 고객에게 직접 접촉할 수 있는 것이다. 동네 피자 가게처럼 당신에게도 데이터베이스가 필요하다.

▎모로 가도 서울로만 이끌면 된다

다시 플랫폼으로 돌아가 웹사이트에 관해 이야기하겠다.

처음 사업을 시작했을 때 내 웹사이트는 뼈대만 있던 상태로, 이제 막 포스팅이 올라오고 있었다. 그때 극소수긴 하지만 내 웹사이트를 스포츠 사이트나 주식 사이트처럼 매일 아침 일어나서 확인하는 사람들이 있음을 알게 되었다. 정확히 말해서, 내가 웹사이트에 공유한 링크나 게시물을 본 사람들이다.

이 사실은 홈페이지의 특징을 잡는 데 내게 큰 도움이 되었고 좀 더 자율성을 갖게 해주었다. 한동안 프리랜서 카피라이터가 되어 랜딩 페이지(링크 버튼을 누르면 연결되는 페이지—옮긴이)를 꾸릴 때는 철저하게 카피라이터 입장에서 잠재 고객에게 직접 말을 걸듯이 글을 썼다.

단순 홈페이지 접속자와 내 블로그 게시물을 읽는 사람들은 성향이 매우 달랐다. 접속자 중에서 내게 서비스 요금을 기꺼이 지불할 사람은 많지 않았고, 내가 다루는 주제 즉, 자기 계발, 퍼스널 브랜딩, 소소한 일상 등에 더 흥미가 있었다. 이들은 내가 트위터, 페이스북, 링크드인, 기타 SNS에 공유한 링크를 타고 블로그에 유입되었다. 그리고 그 게시물만 읽고 나갔다. 홈페이지는 거들떠보지도 않았다!

내게 접근하는 사람들은 크게 두 유형이었으며, 각각 다른 경로로 유입되었다. 백화점 출입구로 들어와서 최신 유행 의류를 쇼핑하는 사람들과 영화관에 방문했다가 쇼핑몰 안에 입점한 상점들을 슥 둘러보고 나가는 사람들 간의 차이랄까?

당시 홈페이지에서 다른 페이지라고는 나를 '소개'하는 코너 하나였으며, 얼굴 사진과 내 사업에 관한 간단한 소개 글 그리고 (익히 추측할 수 있겠지만) 창업 스토리와 비즈니스 스토리가 실려 있었다. 홈페이지는 비록 뼈대뿐이었지만 무사히 첫 고객을 만날 수 있었고, 그 프로젝트를 성공적으로 완수한 후에는

(앞서 제4장에서 언급했던) 고객 추천사 양식을 이용해 고객 스토리를 작성했다.

이 이야기가 웹사이트를 구축하고 SNS를 통해 메시지를 전달하는 일에 대한 부담감을 덜어주길 바란다. 기억하라. 목적지는 같다. 다만 각기 다른 유형의 사람들이 고르게 들어올 수 있도록 입구를 달리할 뿐이다.

> 홈페이지를 어떻게 구성할지, 어떤 글을 올려야 할지 몰라서 쩔쩔매고 있다면, 유아더브랜드북닷컴(YouAreTheBrandBook.com)에서 웹사이트 레이아웃과 각종 추가 자료를 내려받을 수 있다.

십이간지 활용하기

어느 곳을 가도 늘 그 자리에 이미 존재했던 것처럼 눈에 띄는 사람들이 있다. 그 사람들과 자신을 비교하는 일은 쉽다.

하지만 어느 곳에 가든 눈에 띄는 것은 그닥 현실적이지 않고 현명하게 일하는 방식 또한 아니다. 이제 어깨의 짐이 좀 덜어지는가? 업무를 보조하는 '팀'이 없다면(그들에게 지불할 돈이 충분하지 않다면) 언제나, 어디에서나 존재한다는 건 절대 이룰 수 없는 목표다. 사람마다 모두 가는 길이 다르다. 내 이야기를 해주겠다. 앞으로 펼쳐질 당신의 긴 여정에 도움이 되기를 바란다.

2013년 부업을 시작했을 당시, 나는 각기 다른 기회에 짓눌리다가 결국 한 가지 목적에만 집중하기로 결심했다. 그 후 모든 업무를 메일링 리스트를 확보(근거지를 마련)하는 수단으로 활용했다.

대학 시절 자주 이용하던 '누들 고메'라는 멋진 중국 식당이 있다. 나는 이곳에서 비즈니스 플랫폼을 구축하는 방식에 관한 영감을 얻었다. 바로 동양의 십이간지 체계다.

나는 십이간지를 잘 모르지만, 동양에는 매년 쥐의 해, 말의 해 같이 그해를 상징하는 동물 즉, '띠'라는 개념이 존재한다. 미신을 믿지는 않지만, 매년 다른 식으로 접근한다는 발상이 마음에 들었다. 다시 말해, 매년 집중적으로 양성할 비즈니스적 요소를 달리해보기로 마음먹었다. 나는 다음과 같이 순차적으로 비즈니스를 구축해나가기로 했다.

2013년: 블로그의 해年
2014년: 팟캐스트의 해
2015년: 그룹 코칭의 해
2016년: 신상품 출시의 해
2017년: 라이브 행사의 해

2018년: 강연의 해

2019년: 동영상의 해

2020년: 책 집필 작업의 해

2021년: 책 출간의 해

내가 현재 이룬 성과는 이처럼 장기간에 걸쳐 의도적으로 쌓아온 것이다. 앞서 게리 켈러가 했던 말을 한 번 더 언급하겠다. "성공은 순차적으로 이루어진다. 동시에가 아니라." 물론 여러 가지 일을 빠르게 달성하는 지름길로 갈 수도 있었지만, 그렇게 했다면 영향력은 더 미미해지고 스트레스는 과도했을 것이다. 나는 그저 인내했다.

2013년에는 교회 음악 감독직을 사임한 뒤, 부업으로 블로그를 시작했다. 창조적인 일을 할 분출구가 그리웠던 나는 블로그 플랫폼을 선택하고 이렇게 선언했다. "무슨 일이 있어도 매주 월요일 오전에 블로그 게시물을 업데이트하겠어!" 며칠 건너뛰자, 본업을 하느라 이를 전혀 실천하지 못하는 날이 잦아졌다.

그해 나는 통근길에 무수히 많은 팟캐스트 방송을 들었는데, 이것이 팟캐스트를 시작하는 계기가 되었다. 다만 그해에는 일이 많아 다음 해가 되어서야 겨우 시작할 수 있었다. 그러나 이 기다림이 오히려 다행이었다. 블로그 활동으로 콘텐츠 작성에 관한 매우 유용한 교훈을 얻었으며, 이로 인해 내 아이디어를 새로운 방식으로 공유하는 일이 한결 편안해졌기 때문이다.

불편해야 성장한다

누구나 블로그 게시물을 작성하고 팟캐스트를 만들 수 있다. 하지만 창조성, 자기표현, 자기 홍보라는 새로운 근육을 발달시키는 일을 간과하기 쉽다. 자기 자신을 내보이기란 쉬운 일이 아니며, 이는 흔히 직면하는 큰 장애물이다. 일 년 동안의 블로그 글쓰기는 내가 천천히 이런 감정적인 장애물을 넘고 마인드셋을 가다듬게 해주었다.

2014년에 팟캐스트를 시작했을 때 나는 강력한 헤드라인을 작성하는 법, 방송을 웹사이트에 올리는 법, 콘텐츠를 SNS로 홍보하는 법 등을 훨씬 잘 알게 된 상태였다. 모두 블로그 활동을 통해 배운 방법이었다. 하지만 팟캐스트가 얼마나 많은 에너지를 소진하는 활동인지는 미처 예상하지 못했다.

나는 직업 특성상 청중들 앞에서 음악 지휘나 강연을 하면서 많은 시간을 보냈지만, 팟캐스트는 전혀 달랐다. 그 공간에 나와 함께 있는 사람은 아무도 없었다. 팟캐스트를 녹음할 때는 에너지를 100퍼센트 쏟아부어야만 했다. 처음 녹음한 방송 몇 편은 충격적일만큼 건조하고 지루했다. 나는 그 자리에 존재하지 않는 청중에게 과도하게 의존하고 있었다.

나는 팟캐스트를 계기로 가상 매체에서 커뮤니케이션하는 능력을 열심히 계발했고, 이 일은 이듬해 시작한 웨비나와 전화 코칭을 진행하는 데 큰 역할을 했다.

▎돈의 흐름 만들기: 재화로의 전환

나는 2015년에 본격적인 수익을 창출하기 시작했다. 그동안 배운 기술로 예상보다 짧은 시간 안에 더 많은 돈을 벌게 되었다. 나는 여전히 직장을 다니고 있었지만, 그해는 그룹 코칭의 해로 결정했다. 나는 블로그와 팟캐스트 홍보로 (적은 수지만 충성도가 높은 청취자를 대상으로) 비교적 쉽게 그룹 코칭 인원을 채울 수 있었다.

열두 명에게 주당 90분씩 하는 코칭 프로그램으로, 월 6천 달러가량의 수입이 들어왔다. 프리랜서로서 의뢰받은 일을 하는 동시에 웹사이트에서 간단한 상품을 판매하기 시작하자, 본업을 완전히 그만두어도 될 만큼의 수입이 생겼다.

나는 퍼스널 브랜딩이라는 여정에 완전히 몰입했다. 다음 단계로 나아가는 과정에서 새로운 사람들이 지속적으로 유입되고 새로운 인맥이 생겨났다. 블로그와 팟캐스트는 지금도 계속하고 있다.

시간이 갈수록 실력이 늘어서 일을 더 빠르고 잘하게 되었고, 이제는 생계를 위해 다른 일을 하지 않고 내 브랜드를 키우는 일에 더 많은 시간을 쓴다. 하는 일을 더 잘하게 되는 경험은 매우 즐겁다.

2016년, 마침내 나는 온라인 강의를 출시하기로 결정했다. 내 비즈니스를 부업에서 본업으로 전환한 첫해였다. 여전히 내게는 자원이 많지 않았다. 비즈니스를 구축하는 데 단순히 자원이 '있는' 것만으로는 부족하다. 거기에 풍부한 지모智謀가 보태져야 한다. 나는 책상에 앉아 노트북에 달린 카메라 기능으로 홍보용 동영상을 녹화했다. 내게는 최신형 카메라나 조명 같은 장비도, 동영상 편집자도 없었다. 그냥 내가 가진 것으로 했다.

온라인 강의를 하려면 온라인 광고(나는 페이스북 광고를 이용했다), 다양한 랜딩 페이지 제작, 상품 출시 안내 메일 발송, 홍보 파트너 검색 등 배워야 할 것이 아주 많았다.

2017년, 나는 비즈니스 행사 및 워크숍을 개최하기 시작했다. 온라인 코칭 프로그램 참여자들이 나를 직접 만나고 싶어해서 모객이 훨씬 수월했다. 행사 운영 관련 업무가 너무 많아지는 것도, 참여자를 모으려고 대중에게 홍보하는 과정에서 스트레스가 가중되는 것도 원치 않았기에 나는 코칭 프로그램 참여자들에게 초대장을 보내는 일부터 시작했다.

▎ 왜 더 일찍 대중 강연을 하지 않았을까?

내가 왜 커리어 초기에 강연 활동을 시작하지 않았는지 궁금한 사람도 있을 것이다. 이유는 간단하다. 처음 일을 시작했을 때는 그것이 합리적이지 않았기 때문이다. 여기저기 각종 행사에 참여하려면 휴가를 희생해야 하고 제대로 된 강연료를 받을 수도 없을 터였다.

게다가 당시에는 사람들이 나라는 존재를 몰랐다. 그래서 일을 계속하면서 시간 나는 대로 내 브랜드를 꾸준히 구축해나가야 했다.

2017년 말에는 내 영상이 온라인상에서 제법 눈에 띄기 시작했다. 그중에는 '음, 마이크가 우리 행사에서 강연을 할 수 있을지도. 꽤 오랫동안 팟캐스트를 진행했으니 최악은 아니겠지. 연단에 서본 경험도 있는 것 같고. 어쩌면 제법 잘해낼지도 몰라!'라고 생각한 사람들이 있을 것이 분명했다. 그 후로 강연 초청이 들어오기 시작했고, 행사 현장 사진이나 동영상을 더 많이 공유할수록 섭외 연락이 늘어났다.

좋은 인상을 심어라

내 말이 계기가 되어 당신이 시간을 들여 기술을 갈고닦았으면 좋겠다. 저 멀리 앞서 나가는 사람을 보면 지금 바로, 당장, 한 번에 모든 일을 해내야 한다는 조급함에 시달리기 쉽다. 그러지 말자! 숨을 한번 크게 쉬어보라. 어떤 일도 하룻밤 사이에 이루어지지 않는다. 당신이 하는 일은 당신이 지금 있는 자리와 하고 싶은 비즈니스에 기초해야 한다. 예를 들어, 전문 강연자가 되고 싶다면 나처럼 코칭 프로그램이나 온라인 수업을 만들기보다는 먼저 팟캐스트와 간단한 홍보 행사 경험을 쌓는 편이 낫다.

여러분이 내 여정에서 브랜드 기반을 튼튼하게 성장시키는 모습을 봤으면 좋겠다. 나는 매년 한 가지씩 주요 과업을 더해가는 데 초점을 맞추었다.

브랜드 또는 웹사이트 이름 짓기

많은 사람이 이름 짓는 것을 어려워한다. 짧고 부드럽게 언급하고 넘어가겠다. 그냥 당신 이름을 사용해도 된다.

이유는 개인 브랜드 이름으로 당신과 같은 이름을 사용하는

133

사람이 거의 없기 때문이다. 장담하는데, 고객들이 내 브랜드 이름이 '최고의 싱크 탱크 마케팅'이 아니어서 나와 일하기를 거부하지는 않았을 것이다. 웹사이트 주소에 당신 이름을 넣을 수 있다면 그렇게 해라.

본인 이름을 사용하지 못한다고 해도 당황하지 마라. 나는 수년 동안 닷컴 주소가 아닌 티비 주소(MikeKim.tv)로 비즈니스를 일구었다(심지어 당시에 주소 이름에 걸맞는 영상조차 없었다). 비즈니스를 시작하고 중개 회사를 통해 마이크김닷컴 주소의 소유자가 누구인지 몇 년 내내 알아보았고, 마침내 소형차 한 대 값을 치르고 그 주소를 사들였다. 그런다고 내 수입이 치솟았을까? 아니다. 그것은 이득을 바라고 한 일이 아니었다. 나는 그저 순수하게 닷컴 주소를 가지고 싶었을 뿐이고, 주소를 손에 넣기 전부터 이미 매년 수십만 달러를 벌고 있었다. 그러니 웹사이트 주소 때문에 전전긍긍하지 마라.

유일한 예외가 있다면, 당신이 브랜드나 웹사이트 도메인을 나중에 판매할 계획을 가지고 구축하는 경우다(당신 이름이 붙은 주소를 다른 사람에게 판다면 꽤 곤란할 것이다. 그냥 당신이 사용하는 편이 가장 쉽다).

타이거, 가가, 오프라, 트럼프, 코난, 마돈나, 엘런 같은 이름을 생각해보라. 유명인의 이름은 짧다. 어떤 사람들은 그 자체로 브랜드가 되었기 때문에 전체 이름이 필요하지 않다.

팔기 위한 브랜드를 키운다고 해도 마찬가지다. 페라가모, 베르사체, 프라다, 콜러, 벤틀리, 카르티에, 로레알 모두 창립자의 이름을 딴 브랜드이다. 월마트, 샘스클럽은 월턴 가문이 만든 브랜드다. 사람들은 "토니 로빈스가 여는 행사에 갈 거야"라고 말하지, "로빈스 인터내셔널이 주관하는 자기 계발 세미나에 참석할 거야"라고 말하지 않는다.

플랫폼에서는 회사명이 아닌 당신의 이름이 질적으로나 감정적으로나 강렬한 인상을 전달하고 연상을 강화한다. 회사명이 비즈니스를 움직이는 것이 아니다. 당신이 비즈니스를 움직인다. 기억하라, 당신이 브랜드다.

그래도 브랜드명으로 더 기업가적인 이름을 선호한다면, 다음의 두 가지 방식 중 하나를 택할 수 있다.

1. 비즈니스 분야를 명시하기

좋은 사례로 푸르덴셜생명보험*Prudential Life Insurance*, 살스 피자 *Sal's Pizza* 등이 있다. 이 사명은 해당 기업이 어떤 사업을 하는지 분명하게 말해준다. 윌리엄스 코칭*Williams Coaching*처럼 본인 이름에 사업 분야를 덧붙일 수도 있다. 다만 게리 바이너척은 성이 너무 독특해서 본인의 회사명을 '바이너미디어'로 지었다. 이 사례는 브랜드명이 간단명료하고 상식적이면 좋다는 사실을 보여준다.

2. 익숙한 단어에 새로운 의미를 형성하기

애플이나 아마존이 여기에 해당한다. 컴퓨터 회사인 애플은 브랜드명으로 과일 이름을 채택했다. 아마존은 강江 이름에서 따왔으며, 세계에서 가장 큰 온라인 쇼핑몰의 이름으로 자리 잡았다. 이 사례를 무작정 따라 하기 전에, 대중이 고유명사가 아닌 익숙한 단어에 가졌던 이미지를 재형성하는 데 돈과 시간이 얼마나 들지 따져보길 바란다. 이는 수많은 작업을 필요로 한다. 그래서 본인의 이름을 활용하기를 권하는 것이다. 이 일에 너무 매달리지 마라. 당신의 이름으로 짓고, 더 중요한 일로 넘어가라.

▎ 약력 작성

약력은 짧은 한두 문장이지만, 정말 쓰기 어렵고 성가시다. 약력은 당신이 어떤 사람이고 무슨 일을 하는지 간결하게 보여주는 것이지만, 당신의 플랫폼에 방문하고 콘텐츠를 구독하도록 유도하는 목적으로도 작성된다.

약력은 간단하게 쓰는 편이 좋지만, 약간의 개성을 더해주면 눈에 띄는 데 도움이 된다. 다소 어려울 수 있으니 다음 내용을 참고하고 자유롭게 변형해서 작성해보자(나는 따분한 자기소개서를 볼 때마다 내 안의 카피라이터가 조금씩 죽어가는 것을 느낀다).

나는 다음 양식을 가장 자주 사용한다.

마이크 김은 단순히 상품을 판매하기 위해 마케팅을 하지 않습니다. 마케팅은 관계를 맺는 일입니다. 이 신선한 접근 방식을 바탕으로, 그는 대중이 찾는 인기 강연자이자 온라인 교육자, 최고로 탁월한 리더를 배출하는 전략가가 되었습니다. 이제 당신은 그가 강연을 하고 스쿠버다이빙 명소를 검색하고 이따금 싱글 몰트 위스키 한 잔을 홀짝이는 모습을 보게 될 것입니다. 그가 코칭과 프리랜서 브랜딩, 인기 팟캐스트 '브랜드 유 팟캐스트*Brand You Podcast*' 녹음을 계속하는 한 말이죠.

내가 다른 웹사이트에 소개되거나 강연 홍보용 자료에 등장할 때는 콘텐츠 구독 요청 문구를 담는 등 약력에 다소 변형을 가한다. 다른 비즈니스 프로필에 들어갈 약력을 작성할 때도 이 양식을 약간 바꿔서 사용한다. 무료 자료를 배포해 자연스럽게 웹사이트 방문을 유도하는 전략이다.

마이크 김은 직업적 자유를 실현하기 위해 컴포트존을 박차고 나왔습니다. 그의 목표는 당신이 수익을 내면서 큰 영향력을 가진 퍼스널 브랜드를 시작하고 운영하고 키우는 일을 돕는 것입니다.

마이크 김의 홈페이지(MikeKim.com)에서 무료로 시청 가능한 '브랜드 유 부트캠프_Brand You Bootcamp_'를 통해 더 많은 정보를 얻을 수 있습니다.

웹사이트에서 제공하는 자료나 서비스가 많을수록 더 많은 구독자를 끌어당길 수 있다.

마이크 김은 콘텐츠 제작자들에게 고객을 끌어당기는 강력한 카피 문구를 작성하는 법을 단계별로 알려줍니다. 마이크 김 홈페이지에서 무료 가이드 및 튜토리얼을 확인하세요. 이 전략과 팁이 당신의 카피를 한 단계 업그레이드해줄 것입니다.

약간 속임수 같지만, 현재형 시제로 작성하면 독자들에게 실시간으로 참여하는 느낌을 주는 즉시성의 효과가 있다.

마이크 김은 현재 태국 푸껫 해안에서 출항한 배를 타고 암초를 피해 노을을 따라가는 중입니다. 하지만 당신은 지금 그의 홈페이지에 접속해 짧은 전자책을 내려받고, 실시간 메일 오픈율을 8~10퍼센트 높이는 방법을 배울 수 있습니다.

마지막으로, 유머를 한 스푼 더하면 도움이 된다. 당신만의 개성을 드러내고 상황에 적절한 유머를 더해라. 이런 약력은 마케팅 업계에 기분 좋은 한 방을 날릴 것이다.

> 마이크 김은 검증된 마케팅 전문가이자 팟캐스트 '브랜드 유 팟캐스트'의 진행자입니다. 부모님의 낯빛을 붉게 물들일 만한 당황스러운 내용을 빼고 진지하게 코칭 비즈니스를 시작하는 법을 배울 준비가 되었다면, 마이크 김이 쓴 전자책 『지금 당장 코칭 고객을 확보하라*Get Coaching Clients Now*』를 내려받으세요.

나의 링크드인 약력 ①

당신이 이 글을 읽는 지금은 링크드인이 존재하지 않을 수도 있다. 링크드인이 아니라도 이력서는 어디든 올릴 수 있다. 링크드인의 전문적 특성상, 나는 내 업무 내용을 강조했다. 지난 몇 년간 내가 사용한 경력 기술서는 두 가지 유형이 있는데, 둘은 무척이나 다르다. 첫 번째 유형은 마케팅 컨설턴트인 친구 존 네모의 조언을 토대로 작성했다. 직설적이고, 전형적인 이력서 스타일이다.

> **무엇을 하는가**: 저는 리더들이 명확한 마케팅 메시지를 가지고, 그 아이디어를 상품으로 전환해 거대한 영향력을 행사할 수 있도록 돕습니다.

어떻게 하는가: 카피 문구 작성, 캠페인 전략, 상품 출시, 스토리텔링, 콘텐츠 마케팅을 비롯한 통합적 마케팅 및 브랜딩 전략을 시행합니다.

왜 하는가: 브랜드와 메시지가 합치될 때, 마케팅은 분명해지고 호소력을 가집니다. 이런 방식으로 니치 시장에서 포지셔닝을 확실히 한다면, 경쟁자의 숫자는 문제가 되지 않습니다. 명확성은 사람들을 끌어당기고, 모호성은 사람들의 접근을 가로막습니다.

추천의 글:
"마이크는 내가 아는 최고의 카피라이터입니다. 세계 최고의 광고 문구가 필요하다면, 어서 그에게 연락하세요! 그렇지 않으면 다른 사람이 가로채갈 테니까요!" (레이 에드워즈, 카피라이팅 아카데미 창립자)

"마이크는 당신에게 큰 가치를 가져다줄 겁니다. 그가 컨설팅해준 카피와 글은 내 콘텐츠를 훨씬 좋게 만들어주었습니다!" (도널드 밀러, 스토리 브랜드 CEO)

누구와 일하는가: 『뉴욕타임스』 베스트셀러 작가들, 세계적으로 유명한 강연자들, 적어도 14곳 이상 서로 다른 분야의 중소기업인 수백 명이 제 마케팅 및 브랜드 전략을 사용해 가시적인 결과를

나다움으로 시작하는 퍼스널 브랜딩

얻어냈습니다.

저와 이야기하고 싶다면 여기 링크드인 페이지를 통해 직접 연락하거나, 제 홈페이지 마이크김닷컴(MikeKim.com)을 방문해주세요. 제 팟캐스트 '브랜드 유 팟캐스트'는 애플 팟캐스트 퍼스널 브랜딩 분야에서 꾸준히 상위권을 유지하고 있으며, 제 홈페이지 방송 목록(MikeKim.com/show)에서 무료로 이용할 수 있습니다.

전문 분야: 퍼스널 브랜딩, 사고적 리더십, 정보 산물, 직접 반응 광고 카피라이팅, 상품 출시

나의 링크드인 약력 ②

두 번째 유형은 좀 더 대화하는 듯한 투의 약력이다. 전문성을 드러내기 위해 강력한 한 줄로 시작해 빠르게 핵심 몇 가지를 전달한다.

마케팅이란 그저 판매를 성사시키는 일이 아닙니다. 관계를 맺는 일입니다.
자동화된 스팸 콘텐츠가 난무하는 디지털 시대에 우리는 사람들에게 다가가고 관계를 맺는 방법을 잊었습니다. 모든 브랜드에는 세 가지 아이덴티티가 존재합니다. 언어적 아이덴티티(카피라이

팅), 시각적 아이덴티티(디자인) 그리고 가치적 아이덴티티(포지셔닝)입니다. 코칭이든, 강연이든, 컨설팅이든 노이즈를 뚫고 고객에게 다가가려면 이 세 가지가 필수입니다.

지난 십수 년간, 저는 업계를 선도하고 고액 연봉을 받는 리더 및 전문 브랜드와 일했습니다. 그리고 다음과 같은 결론에 도달했습니다.

사람들은 구매당하기를 원하지 않는다.

멋진 콘텐츠와 분명한 메시지가 하는 일이 바로 이것입니다. 사람들이 처음 본 콘텐츠를 구매하는 실제 동기는 오직 세 가지뿐입니다. 교육, 영감, 오락. 이를 바탕으로 마케팅 계획을 세울 수 있습니다.

제 목표는 간단합니다.

1. 오직 당신만이 쓸 수 있는 글을 쓰고 광고하고 사람들을 설득하도록 돕기.
2. 당신의 고유한 가치를 분명히 드러내는 아이디어 구조 세우기.
3. 출시 전략을 계획하고 브랜드 인지도를 높여줄 도구 제공하기.

저와 이야기를 나누고 싶다면 다음 경로로 연락 주세요.

나다움으로 시작하는 퍼스널 브랜딩

- 일대일 연락은 MikeKim.com/contact
- 강연 의뢰는 MikeKim.com/speaking
(또는 링크드인의 메시지 기능으로 연락하셔도 됩니다.)

팟캐스트 인터뷰와 고객 후기 및 추천사 열람을 원한다면, 아래의 미디어 섹션을 방문하세요.

연결고리 만들기:
"당신이 나에 대해 알지 못하는 것" 올리기

브랜드를 홍보하기 위해 어떤 플랫폼을 사용하든 사람들은 처음 마주친 당신의 게시물에서 받았던 인상을 기억한다. 잊지 마라. 아주 중요한 사실이다. 당신이 수년간 SNS 게시물을 꾸준히 올렸더라도, 사람들이 처음 마주하는 것은 당신의 약력과 최근 게시물 몇 개뿐이다.

이런 상황을 보완하는 방법이 있다. "당신이 나에 대해 알지 못하는 것"이라는 게시물을 만드는 것이다. 이는 새로 유입된 사람들과 끈끈한 유대감을 구축하게 해준다.

팟캐스트 또는 웨비나에서 대형 강연을 하거나 초대 게스트로 참석하고 나면 SNS 팔로워들이 대거 유입되는데, 그렇게 유입된 새 팔로워들에게 접근하고자 나는 이 게시물을 올린다.

다음은 가장 기본적인 항목이다(생일 날짜 같은 민감한 개인 정보는 올리지 말자. 개인 정보를 도용해 당신인 척 사기를 치는 사람이 아주 많다.)

1. 좋아하는 음식
2. 어린 시절 별명
3. 첫 직업
4. 가장 좋았던 여행 경험
5. 가족의 전통
6. 어린 시절 꿈
7. 전문 분야

이런 게시물은 재미있게 써야 한다. 나는 위 주제에 대한 답변은 물론이고, 성격 테스트 결과나 좋아하는 영화, 가수 등 다양하게 작성하곤 한다. 내가 인스타그램에 올렸던 게시물을 예로 들어보겠다. 인스타그램은 다소 가볍게 이용할 수 있는 플랫폼이다.

> 안녕, 난 마이크라고 해. 이 글은 최근 인스타그램으로 새로 알게 된 친구들을 위해 쓰는 거야. 아직 실제로 만난 적은 없지만.

나다움으로 시작하는 퍼스널 브랜딩

나에게는 엄청 귀여운 남자 조카가 둘 있고(다섯 살, 세 살), 나는 뉴욕 양키스 광팬이고(심지어 양키스가 엄청 못할 때도, 4번 타자가 스티브 발로니였을 때도 좋아했어), 그밖에도 필라델피아 이글스, 샌안토니오 스퍼스를 응원해.

취미는 좋은 위스키 마시기, 스쿠버다이빙, 골프야(같이 골프 칠 친구를 찾을 수 있다면 좋겠어).

지난 7년간 직장에 출근하지 않고 집에서 팟캐스터, 블로거, 마케팅 컨설턴트, 강연자, 프리랜서 카피라이터로 일했어.

한동안 플로리다 웨스턴팜비치로 이사해 지냈는데, 아직 그곳에서 지내기에 25년은 이른 것 같다는 기분이 들었지 뭐야. 이웃분들 손자가 내 또래였거든. 하지만 날씨는 끝내줬어.

에니어그램(성격유형 검사의 한 종류로, 사고방식, 감정, 행동 등 인간의 성격을 9가지 유형으로 분류한 것을 말한다—옮긴이)에서 나는 8w9(도전을 즐기고 결단력이 있으며 독립성 및 자기 통제력이 강한 유형)가 나왔어. 이걸 해보니 인생을 이해하는 데 도움이 되더라.

작년에 배운 가장 가치 있는 사실은 완벽함이 아름다운 인생을 만들지는 않는다는 거야. 사실 완벽하지 않기 때문에 삶이 아름다운 것이지.

여기까지가 내 소개야. 만나서 반가웠어. 멋진 한 주 보내길 바라.

몇 달 후에는 현재 구독자들이 이전 게시물을 봤다는 가정하에 몇 가지 간단한 정보를 추가해서 올린다.

안녕, 난 마이크야. 내 소개를 한 지 시간이 조금 지나서 업데이트를 해볼까 하고. 한번 가볼까?

애니어그램: 8유형

태어난 곳: 캘리포니아

비 오는 저녁 여자친구와 글래스톤베리 콘서트에서 보고 싶은 밴드: 콜드플레이, 뮤즈, U2 (누군가 날 글래스톤베리에 데려다주기만 한다면 혼자라도 갈 거야.)

죽기 전 마지막으로 먹고 싶은 음식: 한국 갈비. 우리 할머니가 해주신 갈비가 최고야.

어떻게 살고 싶은지: 코치나 크리에이터를 꿈꾸는 사람들에게 자기 꿈을 밀고 나가도 괜찮다는 걸 말해주고 싶어. 그다음으로는 어떻게 시작하고 무엇을 해야 할지 가르쳐줄 거야(정말 좋아).

어떻게 회사를 나오게 되었는지: 여름날 마지막 금요일에 열린 회사 파티에서 맥주, 와인, 소주를 들이붓고, 볼링장에 가서 동료들을 전부 이기고, "잘 살아"라고 말했어. 그날이 직장에서의 마지막 날이었어.

가장 좋아하는 책: 『삼국지』

가장 좋아하는 배우: 《대부》의 로버트 드니로

지금까지 먹어본 음식 중 가장 맛있었던 것: 태국 푸껫의 안다만 해海가 내려다보이는 5성급 리조트의 미슐랭 이탈리안 레스토랑에서 먹은 음식. 혼자서 350달러어치를 해치웠지만, 인생에서 가장 끔찍한 나날을 보내고 있던 당시의 내 영혼을 치유해준 저녁 식사였어. 음식이 영혼을 치유해줄 수 있다는 걸 그때 처음 알았지. 그 이후로 똑같은 경험을 안겨줄 음식을 찾는 중이야.

응원하는 스포츠 팀: 양키스, 이글스, 스퍼스

가장 아름다웠던 장소: 하와이 마우이에 있는 하나 도로. 오늘 밤에라도 당장 가고 싶어. 혼자라도 말이지.

인생 신조: 인생은 짧지만 행한 일은 오래 남는다. 맛있는 음식을 먹고 사랑하는 사람들과 시간을 보내고 기꺼이 모험해라.

글의 효과는 정말 놀라웠다. 평소에는 SNS 게시글을 한 번 보고 넘기는 사람들이 이런 게시글에는 댓글을 무척이나 많이 달았다.

당신도 할 수 있다. 내 글을 견본으로 삼아 적절하게 변형해서 게시물을 올려보자.

이 일을 제대로, 완벽하게 하고 싶다는 마음은 잘 안다. 하지만 그보다 중요한 것은 명성을 얻고 자기를 표현하는 근육을 키우고 새로운 방식으로 세상에 이름을 떨치는 것이다.

체크리스트

앞서 연간 캠페인을 정하라고 한 내용이 기억나는가?

2013년: 블로그의 해
2014년: 팟캐스트의 해
2015년: 그룹 코칭의 해
2016년: 신상품 출시의 해
2017년: 라이브 행사의 해
2018년: 강연의 해
2019년: 동영상의 해
2020년: 책 집필 작업의 해
2021년: 책 출간의 해

Q. 당신은 어떤 해를 맞이하겠는가?

나다움으로 시작하는 퍼스널 브랜딩

제6장

4P: 포지셔닝
Positioning

◦ 경쟁자 파악하기 ◦

몇 년 전, 나는 고급 선글라스와 핸드백, 시계를 걸치고 루이비통 광고 사진을 찍었다. 그리고 그 사진에 월마트 광고 문구를 더했다. 사진은 늘 큰 웃음을 유발했다. 고가의 패션 아이템 아래 "가격 보장. 쿠폰 사용 가능. 매일 최저가!"라는 문구가 팔다리를 크게 뻗고 있었기 때문이다. 이 포토샵 사진을 슬라이드로 만들어 브랜딩의 핵심을 설명할 때 사용했다.

전문 마케터가 아니더라도 이 사진을 보는 순간 이상하다고 느낄 것이다. 그저 살짝 어색함을 느낄 수도 있다. 그 위화감은 브랜드가 지닌 세 가지 하위 아이덴티티가 서로 잘 들어맞지 않는 데서 기인한다. 세 가지 아이덴티티란 다음을 말한다.

1. 시각 아이덴티티
2. 언어 아이덴티티
3. 가치 아이덴티티

세 아이덴티티가 서로 어떤 역할을 하는지 이해해야 한다. 이는 의자 다리와 같다. 한 가지가 이상하면 브랜드 전체가 휘청거린다. 서로 잘 맞게 조율되면 분명하고 조화로운 브랜드 아이덴티티를 구성한다.

시각 아이덴티티는 '브랜딩'이라는 말을 들었을 때 흔하게 떠오르는 이미지다. 시각적 요소는 아이덴티티를 얻기 쉽다. 종합 유통 업체 '타깃 코퍼레이션'은 말 그대로 타깃을 상징하는 붉은색 과녁판 이미지를 로고로 사용한다. '스타벅스'는 초록색과 갈색을 많이 사용한다. 만약 스타벅스의 상징인 인어가 머릿속에 정확하게 그려지지 않아도 로고를 보면 단번에 그 인어를 알아볼 것이다. 타깃이나 스타벅스처럼 시각적으로 강력한 이미지를 사용할 필요를 느끼지 못한다고 하더라도 웹사이트상의 사진, 서체, 색상, 당신이 입은 옷까지 이 모든 것들은 당신의 시각적 아이덴티티를 구성한다.

언어 아이덴티티는 카피로 표현된다. 즉 마케팅 수단으로서 글로 쓰인 모든 콘텐츠는 언어 아이덴티티다. 유명 카피라이터 존 E. 케네디는(대통령 존 F. 케네디를 말하는 것이 아니다) "광고

란 '인쇄된 판매술'이다"라고 설명했다. 당신은 학술적 어투, 전문가 같은 어투, 영감을 고무시킬 만큼 열정적인 어투, 비난적인 어투들 중에서 마음에 드는 방향을 선택할 수 있다. 비속어를 한 무더기 사용할 수도 있다(게리 바이너척을 떠올려보라). 그건 당신 마음이다. 다만 언어 아이덴티티는 시각적 아이덴티티와 조화를 이루어야 한다.

가치 아이덴티티는 포지셔닝과 관계된다. 포지셔닝이란 경쟁자들과 비교했을 때 브랜드의 상대적 위치 그리고 대중들이 브랜드의 가치를 어떻게 인식하고 있는지를 가리키는 용어다. 루이비통은 명불허전 최고급 브랜드로, 그들의 마케팅 활동에서 '할인'이나 '쿠폰' 같은 단어는 금지어다. 반대로 월마트에는 고급 상품이나 사치품이 없다. 두 회사는 가치 아이덴티티가 완전히 다르다. 둘 다 많은 돈을 벌지만 방식은 다르다. 이는 시장에서 포지셔닝이 다르기 때문이다.

▎런던에서 배운 교훈

얼마 전 처음 방문한 런던에서 유명 패션 브랜드의 디자이너를 만날 기회가 있었다. 그녀는 나를 안내하면서 브랜드 포지셔닝에 관해 이야기했다. 내가 늘 생각해오던 주제였다.

그녀가 일하는 브랜드는 최고급 핸드백, 코트, 자사의 상징인 체크 무늬 캐시미어 숄로 유명했다. 가장 잘 팔리는 상품은 그들 상품 평균가의 3분의 1 정도 되는 저가의 핸드백이었다. 저가 핸드백이 많이 팔리는 이유는 해당 브랜드가 최고급 브랜드였기 때문이다. 고객이 큰돈을 들이지 않고도 최고급 브랜드의 디자이너 가방을 드는 지위를 '살 수 있는' 것이다.

퍼스널 브랜딩을 시작하는 사람들은 흔히 고액을 치르는 고객을 위해 늘 최고로 가치 있는 작업을 해야 한다고 생각한다. 잘못된 생각은 아니지만, 그렇게 일을 진행하다 보면 머지않아 당신의 시간과 수입을 균형적으로 계산하지 못한 채 한 사람에게 지나치게 많은 공을 들이게 된다. 잘되면 큰돈을 거머쥘 수 있지만 자칫하면 천장만 보며 지내야 하는 상황에 처할 수도 있다.

핵심은 스스로를 고액을 받는 전문가로 포지셔닝하고, 고가 상품과 당신의 가치를 활용해 규모에 적절하면서도 저렴한 상품을 만드는 것이다.

지난 몇 년간 나는 고액의 개인 코칭 프로그램을 운영하는 동료들이 이 모델을 따르는 모습을 보았다. 마이클 하얏트의 『초집중 플래너*Full Focus Planner*』, 존 리 뒤마의 『자유 일기*Freedom Journal*』, 토니 그레브마이어의 『성취 일기*Be Fulfilled Journal*』 등 저마다 다이어리나 플래너를 만들어서 팔았다. 몇몇 전문가에게 최

나다움으로 시작하는 퍼스널 브랜딩

고 수익원은 사실상 그들의 메인 사업 아이템이 아니라 저가의 연계 상품이다. 하지만 이는 그들이 일류 브랜드로 시작해 자기 자신을 최고급으로 포지셔닝했기 때문에 가능한 일이었다.

브랜드 간의 차이와 그들의 포지셔닝 활동이 시장에서 얼마나 다르게 전개되는지 설명하고자 루이비통과 월마트를 사례로 들었다. 다만 비교할 때 주의할 점이 있다. 루이비통과 월마트는 직접 경쟁하는 관계가 아니다. 두 회사는 속한 업계가 다르다. 루이비통은 최고급 패션 브랜드이며 월마트는 대형 할인점이다. 이제 포지셔닝의 첫 번째 핵심을 설명하겠다.

▌ 1. 경쟁자를 제대로 선정했는지 확인하라

내가 절대 잊지 못하는 일화가 있다. 이 사건은 나를 진정으로 일깨웠다. 그날은 면식이 있던 사업가들과 함께 아침 식사를 하려고 앉아 있던 참이었다. 우리는 연회장 안을 돌아다니면서 사업 성과를 축하하고 기쁨을 나누고 있었다. 내 옆에 앉은 한 남성은 코네티컷주에서 손에 꼽히는 이삿짐센터를 운영했다.

나는 그에게 물었다. "스티브, 사업은 잘되나요?"

그가 말했다. "힘들어요. 이 분야에서는 차를 가진 사람이라면 누구나 경쟁자가 되지요. 사업하는 사람이라면 언제나 자기 경쟁자가 누군지 알고 있어야만 해요."

잠시 놀랐지만, 곧 그의 말이 옳다는 것을 깨달았다. 주변에 짐을 실을 수 있는 차량이나 트럭을 소유한 친구가 있다면 사람들은 굳이 이삿짐센터에 전화할 필요성을 못 느낄 것이다.

누구에게나 경쟁자가 있다. 사실이다. 우리가 시간, 에너지, 돈을 쓸 곳은 수없이 많다. 선택지가 넘쳐난다는 말이다. 낙담시키려는 게 아니라 분명한 현실을 말하려는 것이다. 바깥세상은 정글이다. 그러니 자신이 서비스하는 대상과 실제 경쟁자가 누구인지 분명히 알아야 한다.

사실 당신이 따르는 유명인 대부분은 당신의 직접적인 경쟁자가 아니다. 처음 사업을 시작했을 때, 나는 그동안 많이 배웠던 코치들을 경쟁자로 여기면서 주눅이 들었다. 시간이 흘러서야 그들 대부분이 내 경쟁 상대가 아님을 깨달았다.

나는 내가 어떤 마케팅 영역에 적합한지 파악하기 위해 조그마한 도표를 그렸다. 그 도표는 잠시 후에 소개하겠다. 지금은 포지셔닝 차원에서 자신이 있는 곳과 자신의 브랜드가 유명 경쟁자와 맞서게 될 곳이 어디인지를 이해하는 것으로 충분하다.

자신이 속하지 않은 곳을 파악하기

포지셔닝은 주짓수처럼 '기교'라고 말할 수 있다. 주짓수에서는 상대방의 몸집, 힘, 속도를 이용하는데, 몸집이 작고 힘이 약한 사람도 기술을 잘 연마하면 몸집이 훨씬 크고 힘이 센 사람을 이길 수 있다.

당신은 애플이나 나이키, 아마존이 아니다. 고객도 당신에게서 그들과 같은 것을 바라지 않는다. 고객은 친밀한 접근과 공감대를 형성하고 연락이 가능한 사람을 바란다.

포지셔닝의 한 가지 방법은 거대한 경쟁자의 몸집을 이용하는 것이다. 서비스 규모가 커질수록 고객들은 오히려 더욱 조밀하고 개인화된 서비스를 원한다는 사실이 무척이나 흥미롭다. 이를 뒤집어 생각하면, 작은 회사일수록 얻을 수 있는 것은

포지셔닝

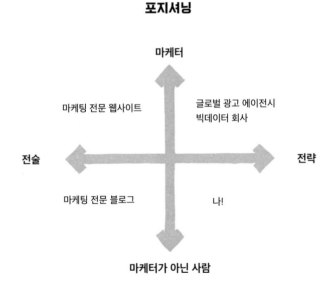

많아진다. 이제 주짓수 선수처럼 우리가 작다는 점을 이용해 상대의 힘을 얻어내고, 시장에서 차별적인 위치를 개척하자.

앞 페이지의 도표는 내가 어떤 시장에 적합한지 알게 해준다. 나는 가로축 한쪽에 '전략', 나머지 한쪽에는 '전술'을 기입했다. 많은 사람들이 이 두 단어를 섞어 사용하지만, 나는 둘을 구별한다. 사람들에게 광범위한 콘셉트와 철학을 가르치고 마케팅할 때 시간, 돈, 자원을 효율적으로 사용하는 방법을 이해시킬 때는 전략이라는 단어를 사용한다.

반면, 실용적인 정보를 전달할 때는 전술이라는 단어를 사용한다. 웹사이트에서 어떤 색이 가장 효과적인지, 어떤 광고 문구가 가장 좋은지, 데이터에 기반한 마케팅 활동을 할 때 우위를 점하게 해줄 문구가 무엇인지 언급할 때 말이다.

세로축에는 시장을 표시한다. 이 축은 우선 마케터인지 아닌지로 구분된다. 여기에서 마케터란 마케팅 활동으로 돈을 버는 사람을 말한다. '마케터가 아닌 사람'은 자기 영역의 전문가(코치, 강연자, 컨설턴트 기타 등등)로, 전문 마케터로 활동하지 않는 사람을 말한다.

이 간단한 그래프가 나를 얼마나 안심시켰는지 모른다. 이 그래프는 마케터가 아닌 사람이 자기 영역에서 승리할 전략을 세우는 데 가장 적합한 도움을 줄 것이다.

나는 이 도표를 사용해 내가 아는 브랜드의 위치를 그려보았

나다움으로 시작하는 퍼스널 브랜딩

고, 내가 따랐던 많은 사람들이 나의 경쟁자가 아니라는 사실을 곧바로 깨달았다.

세계에서 가장 영향력 있는 마케팅 전문 블로그인 카피블로거*Copyblogger*는 전략이 아닌 전술에 특화되어 있다. 닐 파텔과 그가 운영하는 마케팅 전문 웹사이트 퀵스프라우트*Quicksprout*는 전문 마케터들에게 최신 검색엔진 및 트래픽 전술을 가르치는 비즈니스다. 닐과 퀵스프라우트가 하는 일에는 대규모 팀이(그리고 많은 데이터가) 필요하다. 내가 닐의 작업을 따라 하는 동안 그와 같은 일을 해줄 거라고 기대하면서 내게 오는 고객과 청취자 들은 없을 터였다.

나는 분명 마케팅 전문가에게 전략을 가르치는 영역에는 속하지 않는다. 이는 글로벌 광고 에이전시 또는 큰 마케팅 캠페인이나 정치 캠페인 전략을 세우는 대행사들에게 정보를 공급하는 빅데이터 회사의 몫이다.

나는 이렇게 물었어야 했다. "이 브랜드들은 줄 수 있지만 내가 줄 수 없는 것은 무엇일까?" 그 답은 분명하다.

1. 나는 카피블로거처럼 한 주에 2천 단어 이상의 블로그 게시물을 여러 번 작성할 수 없다.
2. 나는 마케팅 전문 웹사이트 소셜미디어 이그재미너*Social Media Examiner*처럼 매달 수없이 많은 보고서와 전자책을 제

작할 수 없다.

3. 나는 허브스팟*Hubspot*처럼 웹사이트 관리자 플랫폼을 제공
할 수 없다.

4. 나는 주로 기업이나 글로벌 광고 에이전시를 고용하는
10억 달러 이상 규모의 기관들을 위한 브랜드 전략을 제
공할 수 없다.

내가 처음에 목표한 것은 이런 게 아니었다. 이 사실을 깨닫
자 안심이 되었다.

이제 당신의 '포지셔닝 그래프'를 만들 차례다. 그래프의 X
축과 Y축에 어떤 가치를 집어넣어야 할지 잘 모르겠다면, 다음
을 참고하라.

1. 초보자 vs. 경력자
2. 비전문가 vs. 전문가
3. 전략 vs. 전술
4. 기술 전문가 vs. 비기술 전문가
5. 씀씀이가 큰 사람 vs. 할인매장 소비자
6. 일대일 소통 vs. 기업적 규모

위 항목은 그래프에서 당신과 경쟁자의 상대적 위치를 판단

하는 데 도움을 준다. 이를 통해 실제 당신의 경쟁자를 분명하게 파악할 수 있다.

| 2. 자신을 차별화할 관점과 퍼스널 스토리를 만들어라

마케팅 시장에서 내가 자리할 작지만 안락한 귀퉁이를 찾고 나면 주변을 둘러보아야 한다. 내 분야에서 다른 사람들이 어떤 일을 하고 있으며 나와는 얼마나 차별화되는지 알아야 한다.

퍼스널 스토리를 통해 브랜딩을 해왔다면 그리 어렵지 않을 것이다. 퍼스널 스토리는 당신을 두드러지게 만드는 제1의, 가장 중요한 요소이다. 동일한 타깃을 대상으로 동일한 상품이나 서비스를 가진 경쟁자가 있어도, 퍼스널 스토리가 당신을 차별화해줄 것이다. 그것은 당신이 어떤 사람인지에 관한 것이기 때문이다. 자신만의 관점과 퍼스널 스토리를 더 많이 나눌수록, 본인만의 고유한 방식으로 두각을 드러내게 된다.

나는 온라인에서 팔로우하는 수많은 전문가들이 내가 하는 일대일 코칭이나 프리랜서로서의 브랜딩 작업을 하지 않는다는 사실을 깨달았다. 그들은 인플루언서였다. 수많은 콘텐츠를 만들고, 대규모의 팔로워를 끌어당기고, 디지털 상품을 판매하는 인플루언서 말이다.

나는 일대일 코칭, 광고 카피 작성, 컨설팅 일을 하는 전문가였고, 그 일은 블로그를 통해 이루어졌다. 인플루언서처럼 콘텐츠를 제작하지만 구독자들은 나를 고용할 수 있다. 그것이 차이점이었다. 나만의 홍보 포인트는 바로 고객들에게 맞춤형, 전략적 관점을 제공할 수 있다는 점이었다.

몇 년에 걸쳐 팔로워 수가 늘어나자, 나는 고객 응대 및 프로젝트 수행 작업에서 강좌 및 상품을 제작하는 일로 넘어갔다. 이 일이 가능했던 이유는 내가 바깥에 있는 모두와 나 자신을 비교하는 함정에 빠지지 않았기 때문이다. 나는 마케팅이라는 거대한 땅에서 내가 선 곳이 어디인지 알았고, 스스로가 작다는 사실을 경쟁적 이점으로 활용했다. 모든 일은 내 관점과 퍼스널 스토리를 서서히 시장에 알린 덕분에 가능했다.

3. 자신의 포지셔닝을 낮추지 마라

나는 처음 코칭 프로그램과 워크숍을 시작했을 때 내 위치를 보다 높게 평가했다. 뉴욕 외곽의 학원에서 일할 때 마케팅 총괄 책임자 자리를 달라고 요구한 것도 그 명칭이 마케팅 팀장보다 훨씬 무게감이 있으리라고 여겼기 때문이다. 몇 년 후 개인 사업을 시작하면서 이 평가가 효과를 발휘했다. 내 콘텐츠를 어떻게 소비하든(블로그 게시물을 읽거나 팟캐스트를 듣거나 워크숍에 참가하거나 나를 직접 고용하거나) 사람들은 '총괄 전문가'의 관점을 얻었다고 여겼다.

몇 달 동안 꾸준히 블로그에 글을 올릴 수 있다는 확신이 들자(2013년은 '블로그의 해'였다) 친구 제이슨 클레멘트에게 시각 아이덴티티를 구축하기 위한 웹사이트 디자인을 맡겼다. 제이슨은 내 개성을 잘 반영해 명확하고 매끈하며 미니멀한 웹사이트를 만들었다. 나는 핵심을 짚는 사람이자 뉴저지 타입의 남자였는데, 이것이 내가 고객과 일하고 고객을 훈련시키는 방식과 일치했다.

나는 매력적인 도시들의 근사한 장소에서 워크숍을 열었다. 뉴욕과 워싱턴의 세련되고 현대적인 비즈니스 호텔이나 마이애미의 리츠칼튼 호텔과 텍사스 오스틴의 드리스킬 호텔 같은 고전적인 고급 호텔에서 말이다. 나는 사람들이 단순히 워크숍에 참석하는 것 이상을 경험하길 바랐다. 나와 그 도시를 연관 짓기를 원했다. 참석자들이 담소를 나누는 시간에 얼마나 많이 "아, 이 도시는 정말 멋져요. 이 행사에 참석하기 위해 처음 와봤지 뭐예요!"라고 말했던지! 이는 정말 가치 있는 일이었다. 워크숍 이후 몇 달 혹은 몇 년 동안 그들이 도시 이름을 언급할 때마다 나를 가장 먼저 떠올릴 것이 분명했기 때문이다.

아마 당신은 여기까지 읽고 내가 만드는 콘텐츠 하나하나가 아주 고급일 거라고 생각할 수도 있겠다. 사실 전혀 그렇지 않다. 내 브랜드의 핵심 요소 중 하나는 바로 '다가가기 쉽다'는 점이었고, 내 팟캐스트 청취자와 고객 역시 이 말을 가장 많이 해주었다.

이를 위해 SNS에서 공감대를 형성하기 위한 블로그 게시물을 자주 올렸다. 귀여운 조카 사진이나 자학적인 농담같이 사업과 무관한 개인적인 게시물들 말이다. 하지만 과하지 않으려고 늘 조심했다. 개인적인 게시물은 20퍼센트, 비즈니스나 브랜딩에 관한 게시물은 80퍼센트 정도로 구성했다. 내게는 이 정도 리듬이 딱 맞았다.

새로운 시장에서 재포지셔닝하기

나에게는 톱 퍼스널 브랜드들을 대상으로 마케팅 또는 컨설팅을 하는 친구들이 많다. 몇 년 전 한 친구가 육아 분야의 블로거와 작업을 진행했다. 그녀는 육아 중인 부모 팔로워를 엄청나게 많이 보유한 블로거였는데, 많은 사람들이 육아 비용 지출을 줄이고 최소의 시간 혹은 적은 수입으로 최대의 효용을 내는 팁을 얻기 위해 그녀를 찾았다.

그런데 여기서 문제가 발생했다. 그 육아 블로거가 엄청난

나다움으로 시작하는 퍼스널 브랜딩

부자가 되었다는 사실이다. 그녀는 이제 최고급 디자이너 핸드백을 구입하고, 멋진 휴가를 즐기고, 고급 차를 타고, 좋은 집으로 이사하면서 자신의 성공을 누리고 싶어 했다. 하지만 그녀가 팔로워들에게 보여주는 그녀의 모습은 여전히 '저가 브랜드'에 가까웠다.

친구가 이 문제를 이야기했을 때 나는 웃음을 터트리고 이렇게 말했다. "그거 엄청난 문제네. 수백만 명의 팔로워들과 큰돈이 들어오는데도 말이야!"

어쨌든 이는 심각한 사안이었고, 나는 친구의 고충을 이해했다(이제 포지셔닝이 얼마나 중요한지 알겠는가?). 나는 서서히 '비즈니스를 성장시키는 전문가'로 포지셔닝을 하라고 조언했다. 그러면 자신의 성공 여정을 전보다 자유롭게 이야기할 수 있을 터였다. 또 다른 방법은 블로그에 새로운 얼굴과 목소리를 도입해 현재 플랫폼의 주목도를 줄이고 팀 체제로 콘텐츠를 발전시키는 것이었다.

근본적으로 이 전략은 현재 시장에서 브랜드를 재포지셔닝하는 게 아니라 새로운 시장(비즈니스 코칭)을 만드는 일이다. 기업가로서 전문성을 내세워 다른 기업가에게 그녀의 관점을 전달하고 교육해 더 많은 수익을 낼 수 있도록 하는 전략이 필요했다.

할인이나 특별 프로모션을 진행하고 싶다면?

이 질문에 간결하게 답하자면, 포지셔닝을 약화시키지 않는 정당한 이유를 제시해야 한다. 최고의 마케팅 전략은 진실을 말하는 것이다. 내가 수년간 해왔던 몇 가지 사례를 살펴보자.

1. 내 생일에 특별 프로모션을 열었다. 지난 몇 년간 일과 생활에서 배웠던 인사이트를 게시물로 작성하고, 이와 연계해서 내가 제작한 상품이나 강좌에 특별 프로모션을 진행했다.

2. 2020년 이동 제한령으로 사람들이 집에 갇혀 있는 동안 강좌 두 개를 특별 할인가로 제공했고 화상 코칭도 진행했다. 나는 그저 사람들을 돕고 싶었을 뿐인데 모두가 힘들었던 그 시기에 예기치 못한 일이 일어났다. 강의 판매량이 고공행진하고, 나와 고객들 간의 유대감도 전보다 끈끈해졌다.

3. 일 년에 두 차례 특별 할인을 진행하고, 그 수익을 내가 지원하는 자선단체에 기부한다. 행사 기간은 크리스마스와 내 생일이 있는 주다. 생일이 크리스마스 6개월 전이라 시기적으로 적절하기도 하지만, 무엇보다 이 일이 팔로워들에게 내가 좋은 곳에 돈을 쓰고 있다는 인상을 전달해 브랜드에 대한 유대감과

인간성을 강화하기 때문이다.

당신의 생각은 나와 다를 수 있다. 그래도 괜찮다. 이건 당신의 비즈니스고, 결정은 궁극적으로 당신의 몫이다. 나는 그저 자신의 포지셔닝을 위협하는 일만 하지 말라고 말하고 싶다. 만약 처음부터 당신이 제공하는 서비스의 수수료를 외부에 공개하지 않는다면, 더 적은 수수료를 받고 일하는 경우에도 당신의 포지셔닝에 해를 끼치지는 않을 것이다. 아무도 당신이 얼마를 받는지 모르기 때문이다.

때로 원하는 만큼 비용을 받지 못하더라도, 당신의 포지셔닝을 높여줄 고객과 일하는 것이 좋다. 이런 프로젝트는(당신이 그들과 한 작업을 직접적으로 언급하지 못한다 해도) 실제로 당신의 위치를 올려주기 때문이다.

어떤 비즈니스든 자신과 경쟁자 사이의 상대적인 위치를 이해해야 한다. 앞서 언급한 이삿짐센터 운영자의 사례처럼 경쟁자가 누구인지 정확히 파악해야 한다. 앞에서 제시한 도표를 활용해 이 작업을 하는 데 시간을 들여라. 명확한 포지셔닝은 퍼스널 브랜딩의 모든 단계를 이행하는 데 지침이 된다. 이제 다음 단계인 '상품화'로 넘어가자.

Q. 나는 마케터가 아닌 사람들을 대상으로 교육하고 있다고 언급했다. 이것은 나를 다른 브랜드와 차별화해준다. 당신의 가장 가까운 경쟁자는 누구인가?

제7장

5P: 상품
Products

◦ 검증, 제작, 수정, 재출시 ◦

온라인으로 처음 돈을 벌기 시작한 순간이 내 인생을 바꿨고, 돈에 대한 내 생각도 변하는 계기가 되었다. 앞서 언급한 친구 메리와 시작한 비영리 조직을 위한 훈련 사업이 기억나는가? 지금 할 이야기는 그보다 몇 년 전으로 거슬러 올라간다.

2013년 정기적으로 블로그에 글을 쓰기 시작했을 때 나는 비영리 조직이 후원자와 소통을 더 잘하는 법과 많은 후원자를 모집하는 법에 관한 짧은 글을 썼다. 답답해서 쓴 글이었다. 주변에 관련 업종에 속한 친구가 몇몇 있는데 그들이 속한 조직 체계가 허술해 후원금을 모으기가 극히 어려웠기 때문이다.

그 게시물은 당시 적은 팔로워들 사이에서 불길처럼 번져나 갔다. 이 글들을 정리해 웹사이트에 게재한 다음, 이메일 주소를 입력하면 내려받을 수 있는 무료 자료들을 첨부했다. 그리고 혹시라도 더 많은 정보를 얻길 원하는 사람들을 위해 무료 웨비나 안내를 이메일로 보냈다. 마지막으로 유료 전화 코칭 프로그램도 제공했다.

그때 나는 브랜드 포지셔닝을 전혀 알지 못했다. 수강비도 적게 받았다. 4주 동안 진행하는 150달러짜리 코칭 프로그램에 수강생 열 명을 모집했다. 프로그램은 몇 분 만에 매진됐다(수강비를 더 받았어야 했는데!). 하지만 그때 번 1천5백 달러는 내 인생을 완전히 바꿨다. 나는 웨비나로 한 달치 주택 대출금을 지불할 수 있었다.

더 중요한 점은, 손보다 머리로 돈을 버는 편이 낫다는 사실을 처음으로 깨달은 것이다.

그때까지 나는 광고 문구나 웹페이지 설계를 통해 실제 브랜드를 구축하는 일이 아닌 코칭으로 돈을 벌었다. 이 전화 코칭 프로그램은 나중에 유료 온라인 강좌로 이어졌다. 나는 고객을 응대하는 일과 프로젝트를 완수하는 일에서 강의와 상품 판매로 옮겨가는, 작지만 중요한 단계를 밟기 시작했다.

이제 몇 가지 실행 단계를 통해 상품과 서비스를 만들어보자. 먼저 간단한 두 가지 질문을 하겠다.

1. 사람들은 나에게 어떤 점을 기대하고 기꺼이 비용을 지불

할까?

2. 내 친구들 중에서 사람들이 소개받길 원하는 사람이 있다면 누구일까?

나는 일부러 간단하게 접근하기로 했다. 과정을 복잡하게 만들기란 한순간이다. 기억하라. 비즈니스란 문제를 해결해 수익을 발생시키는 것, 그 이상도 이하도 아니다. 당신은 이 두 가지 질문에 명확하게 대답할 수 있어야 한다. 첫 번째 질문부터 시작하자.

┃ 사람들은 나에게 어떤 점을 기대하고 비용을 지불할까?

이 질문은 말 그대로 사람들이 무엇 때문에 당신에게 신용카드 정보를 알려줄지 묻는 것과 같다. 전화 코칭 비용? 책? 온라인 강좌? 택배로 발송한 어떤 물건? 그들에게 써준 글? 새로운 웹사이트? 행사 티켓?

스타트업 회사에 이 질문을 하면 그들은 대개 모호한 대답을 한다. "우리가 고객의 인생을 명확하게 만들어준 대가로 돈을 지불하길 바랍니다"라든가 "고객들에게 일과 생활의 균형을 맞추는 법을 가르쳐 준 대가로 돈을 지불하길 바랍니다" 같은 뜬

구름 잡는 소리 말이다.

문제는 명확성이나 일과 생활의 균형 같은 건 구매할 수 없다는 점이다. 그건 당신이 판 상품이 아니라 결과일 뿐이다. 명확성이나 일과 생활의 균형이란 사람들마다 기준이 전부 다르므로 주관적인 결과에 그친다. 의미, 성공, 행복 같은 개념도 마찬가지다.

위 가치를 추구하는 특정 분야의 일을 할 수 없다고 말하는 게 아니다. 건강, 부, 인간관계라는 세 가지 시장은 광범위하고 수없이 다양한 상품과 서비스 제공자 들이 존재한다. 이제 당신이 바라는 결과를 어떻게 이룰지 그리고 그것을 어떻게 분명하고 탄탄하게 일궈낼지에 초점을 맞춰야 한다.

상품 제작은 다음 중 적어도 한 가지 이상을 고려해야 한다.

1. 시간
2. 돈
3. 기술

당신이 제공할 상품(혹은 서비스)은 사람들에게 더 많은 시간을 주거나 더 많은 돈을 벌게 해주거나 새로운 기술을 제공해야 한다. 다르게 표현하면, 당신이 그들에게 제공한 상품이나 서비스 덕분에 사람들이 시간과 돈을 아끼고 다른 기술을 더 배울 필요가 없어야 한다.

"아니에요, 마이크, 내 코칭은 사람들이 하는 일의 의미를 깨닫도록 도와주는 거예요!"라고 항변할지도 모른다. 이해한다. 하지만 누군가가 당신에게서 '의미를 찾는 코칭'을 구매했다고 하더라도 그들이 실제로 구매한 것은 시간, 돈, 기술 중 하나거나 세 가지 모두일 것이다. 그들은 무의미한 삶을 살기를 그만두고 지나온 시간을 만회하고 싶다고 느끼고 있을 것이다. 어쩌면 더 의미 있는 일을 한다는 기분을 느끼면서 더 많은 돈을 벌고 싶을 수도 있다. 아니면 자신들이 더 중요한 일을 하고 있다고 느끼도록 해주는 기술(대중 강연, 글쓰기, 첫 데이트나 누군가를 처음 만날 때 자신감을 가지는 법 등)을 구매했을 수도 있다.

당신의 일은 시간, 돈, 기술과 연관된 상품이나 서비스를 개발하는 것이다. 이 세 가지 요소가 바로 사람들이 애당초 해결책을 찾는 첫 번째 이유이자 그들의 본능이기 때문이다.

당신이 사람들에게 세 가지 중 하나를 얻거나 아끼게 해줄 수 있다면 해결해야 할 문제는 무척이나 분명해진다. 당신은 누군가에게 재택근무를 할 기회를 선물해 통근 시간을 절약해줄 수도 있고, 인터넷 마케팅을 통해 돈을 더 많이 벌게 해줄 수도 있으며, 블로그에 '돈을 절약하는 노하우' 같은 글을 올려 돈을 아끼게 도와줄 수도 있다.

누군가는 당신의 강의를 보거나 코칭 프로그램 또는 화상 세미나에 참여하고 나서 "이 강의 덕분에 모든 게 확실해졌어!"라고 말할 것이다. 그러나 그것은 단지 경험의 부산물이거나 결과일 뿐이다. 상품을 개발하고 시장에 내놓을 때 이런 메시지를 전달하는 건 옳지 않다. 잠재 고객이 아직 변화를 경험하지 못했기 때문이다.

사람들이 상품을 구매하는 이유와 추후 그 상품에 내리는 평가 사이에는 어마어마한 간극이 있다. 당신이 전달하고 싶은 메시지와 고객 후기는 대부분 일치하지 않을 것이다. 대부분 사람들은 자신이 무엇을 원하는지, 또 원하는 것을 어떻게 표현해야 하는지 잘 모른다. 하지만 원하는 것을 얻지 못했을 때 불평하는 방법은 아주 잘 안다.

상품을 제작하고 홍보하는 단계에서 당신이 할 일은 사람들이 원하는 것을 정확히 캐치하는 것이다. 시간, 돈, 기술만큼 분명한 것은 없다.

내 친구 중에서 사람들이 소개받길 원하는 사람이 있다면 누구일까?

앞서 나는 고객 예상하기 같은 방법이 얼마나 불필요한지 말했다. 특히 그 방법이 추측과 이론에 근거한 것이라면 더더욱 그렇다. 예상 고객이 어떨지 생각하는 대신, 당신이 내게 당신의 상품(서비스)을 내 친구 중 한 사람에게 소개해주기를 요청하는 상황을 가정해보자.

당신은 내게서 누굴 소개받고 싶은가? 다르게 말해서, 어떤 사람이 당신을 알면 이득을 볼 수 있을까? 내 친구 중 어떤 사람이 당신의 상품(서비스)에서 원하는 것을 얻을 수 있을까?

내 친구 사라는 스물네 살이고 약학 대학교 4학년에 재학 중이다. 이 친구는 어떨까? 30대 후반에 미취학 자녀 둘을 키우고 컨설팅 회사에서 일하고 있는 내 여동생은? 인사 팀에서 일하는 40대 남성으로, 혼자 아이를 키우고 있는 내 친구 헨리는? 의사로 일하고 있으며 대학생 딸을 둔 내 친구 제니퍼는? 전자 상거래 회사를 운영하는 내 친구 웬디는?

이들은 모두 무척이나 다르다. 당신이 파는 것이 누구에게나 필요한 상품(휴지 같은 것)이 아니라면 타깃으로 삼을 사람을 명확하게 규정해야 한다.

우리는 '돈을 지불하는 사람'이면 누구든 고객이나 소비자로 삼는다. 어떤 고객, 어떤 소비자를 끌어당기고 싶은지 분명하게 하는 것이 비즈니스 운영자인 우리의 일이다. 어쩌면 당신은 앞서 내가 언급한 사람들 모두를 염두에 두고 있을지도 모른다. 대학 졸업을 앞둔 학생과 대학생 딸을 둔 전문직은 인구학적으로 뚜렷하게 다르다. 하지만 두 사람 모두 본인 직무에 열심히 임하는 지적인 사람들이다. 한편 급변하는 전자 상거래 비즈니스에서 자리를 잡은 사업가와 의사 또한 무척이나 다른 특성을 지녔다.

언젠가 나는 한 프리랜서 카피라이터에게서 어떤 고객이 자신을 찾을 것 같냐는 질문을 받았다. 나는 그 사람에 대해 아는 것이 많지 않아서 이렇게 물었다. "당신은 어떤 직종의 비즈니스를 상대로 컨설팅합니까?" 그러자 이런 대답이 돌아왔다. "광고 문구가 필요한 곳이면 어느 직종이든 가리지 않고 하고 있어요. 전 뭐든 할 수 있어요."

그는 자신의 예상 고객을 내가 결정하도록 떠넘기고 있었다. 심지어 내게 어떤 사람을 선호하느냐고 묻기도 했다. 그가 "전 비즈니스 코칭 분야 상품에 대한 광고 문구를 쓰고 있어요"라고 대답하거나 내게 온라인 강좌를 파는 친구가 있는지, 그 친구에게 광고 문구를 쓸 사람이 필요한지를 물었더라면 나는 즉시 열 명쯤 소개해줬을 것이다.

"뭐든지요"라는 대답은 그가 자신이 하고 있는 일을 분명하게 알지 못한다는 점을 보여준다. 이 사실은 내가 그를 다른 예비 고객에게 소개하기 꺼려지게 만들었다. 일이 틀어지면 내 평판에도 금이 가지 않겠는가.

내가 진행하는 코칭 프로그램 게시판에 한 고객이 이런 글을 올렸다.

나다움으로 시작하는 퍼스널 브랜딩

저는 천천히 집중하는 영역을 좁혀가면서 일하고 있습니다. 처음에는 비즈니스 리더들을 대상으로 했는데 그건 너무 광범위했죠. 마이크는 제게 "리더들이 어떤 결과를 얻도록 돕고 싶은지" 알아야 한다고 말했습니다.

제 임무는 간단합니다. 저는 리더들이 크게 성장해 자기 자신은 물론이고 가족, 친구, 팀, 조직, 비즈니스에 완전하게 적합한 사람이 되도록 돕고 싶습니다. 일을 잘 끝마치고, 업적을 남기길 바랍니다. 다시 말해, 다양한 분야(비즈니스, 교회, 정부 등)의 리더가 제 코칭을 통해 크게 성장하길 바랍니다. 제가 글을 쓰고 강연까지 할 수 있게 된다면 참 좋겠지만, 한 번에 모든 것을 다 하지는 않으려고요. 올해는 코칭의 해로 삼을까 합니다. 어떤가요?

나는 이렇게 답글을 달았다.

○○씨, 이 일이 어려우리라는 걸 잘 압니다. 하지만 이렇게 씨름하는 것도 하나의 과정이랍니다. 당신은 대단히 잘하고 있어요! 다만 얻으려는 결과가 아직은 너무 광범위해서 당신의 비즈니스가 시장성을 갖추기는 어려워요. 하려는 일이 너무 많습니다. 윗글만 해도 벌써 아홉 가지나 언급했더군요.

1. 리더가 크게 성장하고 환경에 적합한 사람이 되도록 돕기

2. 그들 자신을

3. 가족을

4. 친구를

5. 팀을

6. 조직을

7. 사업체를

8. 잘 마무리하고

9. 업적을 남기기

하나만 선택해야 해요. 그럼 다른 것들은 자연스럽게 따라올 겁니다. 어쩌면 해결되지 않은 채로 남을 수도 있고요. 당신은 오직 한 가지만 택할 수 있어요. 저는 한동안 인간관계 코칭을 받은 적이 있어요. 그게 제 사업에 좋은 영향을 미쳤을까요? 물론입니다. 내 가족에게는요? 내 팀에게는요? 마찬가지로 좋은 영향을 줬습니다. 전 분명 인간관계 코칭을 받았을 뿐인데 말이죠. 창에는 날카롭고 뾰족한 날이 있어야 하는데 당신의 창은 날이 너무 넓어요. 솔직히 말해서 어떤 코치라도 저 모든 걸 잘해낼 수는 없답니다!

이 고객이 사업 목적을 분명하게 좁히려면 오래 걸리겠지만, 아홉 가지 목표를 모두 달성하도록 돕는 온라인 강의를 만드는 게 얼마나 혼란스러울지에 비하면 아무것도 아니다. 그는 수많은 시간과 수천 달러를 쏟아부어 상품을 만들고 홍보하겠지만 아무도 자신의 강의를 구매하지 않으리라는 사실을 곧 깨닫게 될 것이다. 어쩌면 낙담하고 기업가의 꿈을 영원히 포기할지도 모른다.

퍼스널 브랜딩 전문가의 다섯 가지 과업

가장 성공한 코치, 강연자, 리더는 자신의 전문성을 정보 상품이라는 재화로 바꾼다. 어느 시점이 되면 당신 역시 자신이 하는 일이나 프로젝트를 상품화하고 온라인 강의, 상품, 고가의 행사 티켓 판매 등을 통해 수익을 다변화하고 싶어질 것이다.

솔직하게 말하겠다. 상품화에는 전제 조건이 있다. 강연, 글쓰기, 코칭, 컨설팅 등 어느 분야든 먼저 고급 수준의 기술이 있어야 한다.

당장 상품화를 하겠다는 것은 마치 르브론 제임스의 동작을 따라하기만 하면 NBA에서 뛸 수 있다거나, 2016년 결승전에서 골든스테이트 워리어스 팀에 맞서 그가 선보인 역사적인 블로킹을 할 수 있게 된다는 말과 같다.

한 친구가 동네 농구 코트로 가서 위아래로 뛰어다니고, 코트를 가로지르고, 점프하고, 백보드에 공을 꽂아 넣는다. 하지

177

만 아직 훈련이 덜 되어 민첩한 동작을 선보이거나 수직으로 도약하지는 못한다. 슛, 리바운드, 드리블, 패스도 못 한다. 그런데 경기를 한 번 뛰고 나서 그는 자신이 훌륭한 농구 선수가 되리라고 생각한다. 황당무계한 소리로 들리지 않는가? 하지만 퍼스널 브랜딩 영역에서는 늘 이런 실수가 발생한다.

퍼스널 브랜딩 전문가가 하는 다섯 가지 업무가 있다.

1. 강연
2. 글쓰기
3. 코칭
4. 컨설팅
5. 상품화

나는 선도적인 리더들과 함께 일해왔기에 분명히 말할 수 있다. 상품화에 성공한 사람들은 먼저 강연, 글쓰기, 코칭, 컨설팅이라는 네 가지 기술 중 적어도 한 가지 이상을 완벽히 터득했다고 말이다. 그러고 나서야 상품화를 할 수 있다.

사람들은 온라인 강의나 자격증 프로그램이나 책을 제작하자마자 상품화하기를 원한다. 그들은 상품화가 가장 마지막 단계에 해당하고, 그 전에 네 가지 기술을 하나라도 개발한 사람만이 할 수 있다는 사실을 알지 못한다. 곤도 마리에는 자신의 이름으로 살림살이를 팔기 전에 컨설턴트와 작가로 오래 활동했다. 브레네 브라운 박사는 자격증 프로그램을 만들기 전에 책을 쓰고 강연을 했다. 마이클 하얏트는 온라인 강좌를 개설하기 전에 수많은 강연을 하고 글을 썼다.

네 가지 중 한 가지도 제대로 못 하면서 어떻게 강좌를 상품화하고 팔 수 있겠는가? 저 바깥에 별로 도움이 되지 않는 유료 콘텐츠가 넘쳐나는 건 이런 이유 때문이다. 나 역시 그것들의 희생자였다. 마케팅이 잘 안 되어서 강의를 찾았는데, 누군가 복사해서 붙여넣기를 한 것 같은 입문 수준의 잡동사니들로 가득한 강의였다.

그러므로 본격적으로 상품화를 하기 전에 다른 일을 하면서 상품을 검증하고 기술을 개발하기를 추천한다. 카메라 앞에서 강연을 하고 핵심 교육 방법을 터득하고 질문에 답변하는 과정을 수없이 반복하며 경험치를 쌓고 실시간으로 컨설팅하는 법, 사람들에게 도전을 격려하며 코칭하는 법을 얻을 것이다. 이 기술은 스튜디오에서 콘텐츠 상품을 촬영(녹음)하거나 책이 될 원고를 쓸 때 무척이나 유용하다.

더 나아가 당신은 당신 분야의 르브론 제임스가 될 것이다. 당신은 부름을 받으면 무대든 컴퓨터 모니터 앞이든 어디에서나 강연을 할 수 있다. 발표 원고나 SNS 게시물을 작성할 수 있다. 일대일 코칭, 그룹 코칭, 개인 컨설팅 모두를 할 수 있다. 현장 경기 상황에 따라 당신이 어떤 동작을 할지 결정하게 될 것이다. 끝내주는 상품을 만드는 진짜 전문가가 되고 싶다면 다음 방법을 추천한다.

| 검증하고, 만들고, 개선하고, 재출시하라

상품을 만드는 첫 번째 목표는 콘셉트를 증명하는 것이다. 잘 들어라. 단순히 상품을 만들고 팔리길 기대하면서 시장에 내놓아선 안 된다.

대형 블록버스터 영화의 마케팅 캠페인을 보자. 캠페인이 끝나기 전에 영화가 시장에 공개된다. 캠페인 기간에 끊임없이 소규모 포커스 그룹(시장 조사나 여론 조사를 위해 모은 소수의 사람들로 이뤄진 그룹—편집자)을 구성해 창작자들에게 영화에 대한 피드백을 전한다. 그러고 나서 영화를 대대적으로 개봉한다.

나는 탄탄한 상품을 만들기 위해 4단계 방법을 따른다(종종 무료로 상품을 제공하기도 하는데, 그렇게 돌아오는 피드백에는 그만한 가치가 있기 때문이다).

1. 핵심 문제를 검증하고 원하는 결과를 명확히 규정하기.
2. 베타 집단을 만들어 자신의 관점으로 문제 풀기. 이 과정

에는 자연스럽게 코칭, 컨설팅, 강연, 글쓰기 활동이 동반된다.

3. 온라인 강좌든, 워크숍이든, 책이든, 코칭이든, 프로그램을 개선하고 문제를 푸는 더 나은 수단이 있는지 살펴보기(이 방식으로 다른 수익 구조를 만들 수 있다).

4. 프로그램을 강의, 책, 워크숍 등 다른 형태의 상품으로 재출시해 새로운 매체에서 판매하기.

한 단계라도 생략하고 지름길로 가려고 한다면 성공과 실패를 가를 핵심적인 통찰을 놓칠 수 있다.

아이디어를 검증할 때 나는 가장 먼저 핵심 문제를 규정한다. 처음 비즈니스를 시작하고 동료와 친구 들에게 보낸 메일을 소개하겠다. 고객 데이터베이스가 없을 때였다.

제목: 당신이 관심을 가질 만한 정보

안녕하세요, [이름] 씨

저는 지금 [주제]에 관한 트레이닝 프로그램을 준비 중입니다. 당신에게 흥미로운 정보가 될 수 있을 것 같아서 연락 드렸습니다. 자세한 정보를 보내드려도 괜찮을까요?

주의! 마지막 질문을 쓴 다음에는 다른 내용을 덧붙이지 마라. 고맙다는 말도 쓰지 마라. "좋은 하루 보내시길 바랍니다!" 같은 말도 쓰지 마라. 질문으로 메일을 끝내면 그냥 넘기기 어려워진다.

관심이 있다는 답변이 오면 어떻게 할까?

다음 이메일을 보내자. 굳이 새로운 제목을 쓸 필요 없다. 그냥 '회신' 버튼을 눌러라. 새로 이메일을 작성한다면 아래와 같은 제목을 쓸 수 있다.

제목: 간단한 추가 문의

안녕하세요, [이름] 씨
정말로 빠르게 질문 두 가지만 드리겠습니다.

1. [주제]에 관해 [이름] 씨가 가장 궁금한 점은 무엇인가요?
2. [주제]에 관해 더 알고 싶을 때는 어떤 블로그나 책, 팟캐스트를 참고할 예정이신가요?

알려주신다면 정말 고맙겠습니다.

생각보다 간단해 보이는가? 그렇다. 단순함이 효과적이다.

열 사람에게 보내면 적어도 한두 사람으로부터 긍정적인 회신이 온다. 일단 효과를 발휘했다면, 또 기대할 만하다. 그럼 한번 더 열 사람에게 보내자. 분명 효과가 있다.

왜 한 번 더 이메일을 보내는 걸까? 데이터 수집 습관을 기르기 위해서다. 전문가들은 마케팅 결정을 내릴 때 데이터를 이용한다. 사람들에게 다음에 어떤 책, 어떤 팟캐스트, 어떤 블로그를 이용할지 묻는 이유는 당신의 경쟁자가 누구인지 알기 위해서다. 첫 번째 메일에서 관심 있다고 답한 사람에게 반드시 두 번째 이메일을 보내라. 계획을 벗어나지 말자.

현시점에서 긍정적인 답변을 준 사람들에게 어떤 방식으로 계속 연락할지 결정하는 건 당신 몫이다. 쉬운 방법은 그 사람들을 당신의 개인 온라인 공간으로 초대하는 것이다. 나는 초기에 '베이스캠프*Basecamp*'라는 프로그램을 사용하다가 요즘은 '슬랙*Slack*'이라는 커뮤니케이션 플랫폼을 사용한다.

야구장 스카이박스에 앉아서 비즈니스를 할 수는 없다. 멀리서도 사람들에게 감동을 전달할 순 있겠지만 영향력을 발휘할 수 있는 건 가까운 거리에 있을 때다. 운동장으로 나가서 사람들과 함께 뒹굴자.

당신이 제공한 서비스가 사람들에게 도움이 되었다면 후기를 요청하고, 콘텐츠를 가다듬어 유료 트레이닝 프로그램의 형태로 재출시할 수 있다.

이 과정에 시간을 들여야 정말로 사람들을 돕는 상품(서비스)을 만들 수 있다. 사람들은 도움에 대한 보상으로 힘들게 번 돈을 당신에게 지불하고, 당신이 해준 일을 주변에 말하고 다닐 것이다.

이것이 내가 퍼스널 브랜딩을 구축하는 방법이다. 나는 수년간 고객들과 일하면서 이 과정을 반복하고 계속 갈고닦았다. 고객이 어느 과정에서 막혔는지 내게 알려주면 그 정보를 바탕으로 상품을 개선했고, 일이 잘 풀렸을 경우에는 그들이 승리하도록 도울 수 있었다.

이 일을 수차례 반복한 후에야 내 비즈니스를 많은 사람들에게 당당하게 공유하고, 지금 당신이 읽고 있는 책에 담을 수 있게 되었다.

무엇으로 수익 흐름을 만들고 싶은가?

지금까지 상품화를 다뤘으니 이제 당신이 만들려는 수익 구조를 살펴보자.

종이에 표를 그리고, 세로로 세 칸 나누자. 가장 왼쪽에는 '서비스', 가운데에는 '혼합', 오른쪽에는 '상품'이라고 쓰자. 서비스는 활동소득으로, 시간과 돈을 교환하는 것을 말한다. 수동

소득(불로소득)은 한번 제작한 상품이 추후에도 지속적으로 수익을 발생시키는 것을 말한다. 혼합은 활동소득과 수동소득의 성격을 모두 조금씩 가진 것으로, 계속 피드백을 제공해야 하는 온라인 강좌나 월간 결제하는 전화 코칭 프로그램 같은 것을 예로 들 수 있다.

이제 당신의 사업이 이미 확보하고 있거나 새로 구축하길 원하는 수익원을 적어보자. 예시로 다음과 같다.

수익 흐름

서비스 (활동 소득)	혼합	상품 (수동 소득)
코칭 (일대일 또는 그룹)	온라인 강좌 +코칭	제휴 수수료
프로젝트 컨설팅	코칭 +온라인 강좌	문서 서식, 템플릿 파일
프리랜서 작업		온라인 강좌
화상 세미나		책
강연회		

표에 적힌 상품의 일반적인 규칙은 다음과 같다. 가격이 낮을수록 높은 트래픽이 필요하다.

강의를 만들거나 책을 내는 일도 멋지지만 돈을 벌고 싶다면 웹 트래픽(웹사이트를 방문하는 사용자들이 주고받는 데이터의 양―옮긴이)이 많아야 한다. 강의나 책 같은 상품은 가격이 저렴하기 때문이다. 책을 팔아 수십만 달러를 벌어들이려면 도대체 몇 부를 팔아야 할까?

내가 코치, 컨설턴트, 프리랜서 작가로서 비즈니스를 시작한 이유가 바로 여기에 있다. 당시 나에게는 수동 소득을 가져다 줄 상품을 구매할 팔로워가 충분하지 않았다. 무엇보다 이 일들은 가치 있는 기술을 개발할 기회가 되었다.

지금까지 콘셉트 검증, 상품 제작, 개선, 재출시 과정을 다루었다. 이제 당신이 만들 수 있는 몇 가지 상품을 이야기하겠다. 두 가지를 다룰 것이다. 바로 제휴 수수료와 서식이다.

제휴 수수료

이건 쉽다. 준비하는 데 시간이 많이 들지 않기 때문이다. 처음에는 보상이 크지 않지만 팔로워가 많아질수록 발생하는 수입은 늘어날 것이다.

자신이 어떤 프로그램과 앱을 사용하는지, 자신의 상품(서비스)과 제휴할 기회가 있는지 살펴보라. 사업 초기에 내가 제휴한 곳은 직접 이용하고 있던 웹호스팅 회사였다. 그들과 함께 호스팅 계정을 설치하는 법을 촬영해 내 팔로워에게 공유했다. 내 블로그에서 이 회사를 추천하고 내가 올린 제휴 링크로 한 사람이 가입할 때마다 65달러의 수수료를 받았다. 본업도 계속했다. 나는 이렇게 생각했다. "65달러면 일반적인 시급보다 높군!"

또한 내가 마케팅 도구로 이용하는 이메일 업체도 제휴를 진행하고 있다는 사실을 알게 되었다. 내가 이메일 주소를 저장할 때 사용하는 소프트웨어였다. 내 팟캐스트 제작자도 투두 리스트를 작성할 때 사용하는 생산성 앱과 비슷한 제휴 프로그램을 운영하고 있었다. 시간이 지나 내가 사용하는 프로그램은 바뀌었지만 프로그램을 바꿀 때면 늘 제공자가 제휴를 맺고 있는지 살펴보았다(내가 사용하는 프로그램과 앱이 궁금하다면 MikeKim.com/tools를 방문하라).

제휴 수익의 이점은 확장된다는 데 있다. 한번 제휴를 하면 새로운 사람들이 계속 찾아오고 당신의 수입을 늘려 준다.

다만 주의할 점이 있다. 당신 브랜드와 연관성이 있는 상품만 제휴하라고 권하고 싶다. 그저 수익만을 좇아 무작정 제휴하지는 말자. 효과도 없고 당신의 팔로워들은 그 사실을 알아채고 지적할 것이다. 그리고 당신을 더 이상 신뢰하지 않을 수도 있다. 이 일에는 궁극적으로 당신의 평판이 달려 있으니 무엇을 홍보할지 잘 선택해야 한다. 나는 내가 실제로 사용하면서 즐거웠고, 도움을 받았고, 신뢰하는 상품만을 골라 홍보한다. 그것이 내 방침이다.

문서 및 템플릿 파일

문서나 템플릿 파일을 판매하는 것 역시 수동 수익을 창출한다. 제작에 많은 시간이 걸리지 않고, 홍보에 대단한 마케팅 캠페인이 필요하지도 않다.

내 팔로워 대부분은 이미 기업가이거나 기업가를 꿈꾸는 사람이기에, 경험에 비추어 내가 처음 사업을 시작했을 때 필요했던 문서, 템플릿 등을 만들었다. 홍보에 큰 도움이 되지 않았더라도 말이다. 대표적으로 다음과 같다.

1. 고객 제안서 템플릿
2. 구매 권유 전화 대본
3. 워크플로(workflow, 업무 흐름, 비즈니스에 필요한 일련의 업무들 및 프로세스 등을 정리한 것—옮긴이), 기본 운영 절차 템플릿

이 상품들이 '매력적'이지는 않다. 게다가 이것만으로는 월급을 충당할 수 없다. 하지만 수년이 흐르자 이들이 상당한 수익을 안겨주었다. 팔로워가 늘어났기 때문이다.

당신이 일상적으로 수행하는 프로세스를 판매하는 일을 나는 '테이터 톳*Tater Tot* 법칙'이라고 부른다. 동그란 미국식 감자 튀김이라고 할 수 있는 테이터 톳은 1953년 미국의 식품 회사

나다움으로 시작하는 퍼스널 브랜딩

오레아이다Ore-Ida의 창업자인 F. 네퍼 그리그와 골든 그리그가 프렌치프라이를 만들고 남은 감자 꼭지로 무엇을 할 수 있을지 고민하다가 탄생했다. 두 사람은 남은 감자 조각에 밀가루와 양념을 첨가했고, 그 결과 오레이다는 냉동식품의 일인자로 거듭날 수 있었다.

나는 이 법칙을 최근 우리 운영 팀장인 첼시 브린클리가 만든 워크플로 템플릿 상품에 적용했다. 첼시는 사업 초기부터 나와 함께 일한 사람으로, 수년 동안 팟캐스트 제작, SNS 콘텐츠 제작, 라이브 세미나 예약, 여행 예약, 코칭 및 컨설턴트 예약 등 우리가 하는 거의 모든 일의 워크플로를 만들었다.

또한 워크플로에 관한 팟캐스트 역시 몇 편 녹음했는데, 이 역시 정말 좋은 수익원이 되었다.

당신의 아이디어를 공짜로 제공하지 마라

서비스를 제공하기에 앞서 건전한 선을 정하라고 조언하면서 이 장을 마무리하고 싶다. 당신의 승낙 없이는 누구도 당신의 시간이나 아이디어를 (특히나 공짜로) 가져가서는 안 된다.

나는 인원이 적든 많든 나와 함께 일하기를 원하는 사람들로부터 간단한 신청서를 받는 절차를 거친다. 그러면 고객으로 받을지 말지 결정하는 데 필요한 사항을 대부분 얻을 수 있다 (내 아이디어를 공짜로 탈취하려는 사람이 있다면 일대일 코칭 프로그램을 운영한다고 알려준다. 내 시간과 에너지를 보호하는 좋은 방법 중 하나다. 무료로 조언을 얻고 싶다면 내 팟캐스트를 듣거나 블로그를 방문하면 된다). 정리하면 다음과 같다.

1. 신청서를 받는다(그러면 내가 그 사람과 일을 진행할지 결정할 수 있다).
2. 신청서가 마음에 들면 상담 예약 링크를 보낸다.
3. 자세한 이야기를 나누어보고, 일대일 혹은 그룹 일원으로 참여할 수 있도록 한다.

"마이크, 이론상으로는 그럴듯하지만 정말 모두에게 신청서를 받을 필요가 있을까요?"라고 말할 사람도 있을 것이다.

내 대답은 '그렇다'이다. 나는 아무리 대단한 고객이라도 신청서를 작성하게 한다. 이것은 내 포지셔닝을 강화하는 작업이다. 게다가 상대측에서 신청서 작성이나 예약 과정을 거치는 간단한 요청조차 받아들이지 않는다면 어떻게 계속 함께 일할 수 있을까?

나는 우리 업계에서 꽤 유명한 사람들도 밀어낸 적이 있다. 내가 일하는 프로세스와 내 시간, 내 방식을 존중하지 않았기

나다움으로 시작하는 퍼스널 브랜딩

때문이다. 함께 일한다고 해도 그가 어떤 종류의 선을 넘을 것이 분명했다.

퍼스널 브랜드를 운영하는 일은 나를 파트너이자 협업자로, 가끔은 멘토(고객이 나보다 훨씬 대단한 사람이더라도)의 지위에 놓아주었다. 모든 프리랜서가 대단한 명사들과 일하고 싶어 하지만, 나는 스스로를 더욱 높게 평가한다.

이를 위해서는 내가 지금까지 말한 단계를 잘 수행하는 것이 중요하다. 관점을 세우고, 퍼스널 스토리를 만들고, 플랫폼을 정하고, 자신의 포지셔닝을 분명히 해야 한다. 브랜드가 성장할수록 누구와 함께 일할지 스스로 결정해야 한다. 반대의 입장이 되어서는 안 된다.

사업을 하면서 지름길을 찾지 마라. 검증하고, 제작하고, 개선하고, 재출시하라. 뚜렷한 목적을 가지고 이 일을 수행한다면 자신만의 체제, 프로세스, 방법론을 가지게 된다. 그리고 이것이 당신을 저 밖에 있는 수많은 따라쟁이 리더들과 차별화해줄 것이다.

다음 장에서는 가격을 결정하고 독립 프로젝트 수임료를 정하는 방법 몇 가지를 알려주겠다. 고객을 유지하면서 가격을 올리는 방법 또한 실제 사례와 함께 다룰 것이다.

체크리스트

Q1. 사람들은 나에게 어떤 점을 기대하고 기꺼이 비용을 지불할까?

Q2. 내 친구들 중에서 사람들이 소개받길 원하는 사람이 있다면 누구일까?

나다움으로 시작하는 퍼스널 브랜딩

제 8 장

6P: 가격
Pricing

∘ 사람들은 구매당하기를 원하지 않는다 ∘

대부분 사람에게 가격 책정이란 심리학과 전략, 시간을 함께 버무린 다음, 거기다 수학을 간간이 섞은 이국적인 칵테일처럼 다가온다. 한 가지 좋은 소식은 포지셔닝과 상품을 명확하게 정했다면 가격을 결정하기가 다소 쉬워진다는 사실이다.

시간당 요금부터 시작해보자. 나는 시간당 가격을 매기는 것을 그다지 선호하지 않는다. 이해 갈등을 불러일으키기 쉽기 때문이다. 고객은 가능한 한 적은 금액을 내려고 하고 당신은 가능한 한 많은 금액을 받으려 할 것이다. 더욱 나쁜 건, 개별 프로젝트는 결국 시간에 따라 측정되고, 이 경우 결과보다는 시간에 집중하게 된다는 사실이다. 만약 내가 웹디자이너를 고용한다면 그가 해당 작업에 얼마의 시간을 들이는지는 신경 쓰지 않을 것이다. 나는 자동차 정비공에게서나 받을 법한 '노동시간' 항목이 들어간 영수증을 바라지 않는다. 멋진 웹사이트를 바라고, 그 결과물에 공정하게 요금을 지불하고 싶다. 물론 정직한 정비공도 많지만 내가 이용했던 정비소 일부는 돈을 더받으려고 귀중한 시간을 더 썼다.

스파 산업, 마사지나 헬스 트레이닝 같은 분야에서는 시간당 측정이 합리적이다. 또 다른 분야는 대대로 이런 방법을 채택해왔지만, 그들 역시 이와 같은 상황을 바꾸고 싶어 한다. 변호사에게 시간당 수임료가 좋은지 물어보라. 무척 싫다고 대답할 것이다. 그들은 일을 더 빨리 처리할 수 있지만 시간당 수임료를 받기 때문에 빨리 끝낼수록 수임료가 줄어든다. 불행하게도 이 상황이 그 업계가 돌아가는 현실이다. 뒤에서 시간당 금액의 함정에서 빠져나오는 방법을 논의할 것이다. 지금은 먼저 시간당 비용을 어떻게 책정하는지 알아보자.

당신의 교통지옥 요금은 시간당 얼마인가?

내가 시간당 요금을 책정할 때 사용하는 간단한 기준이 있다. 나는 그것을 '교통지옥 법칙'이라고 부른다(내가 교통지옥의 대명사 중 한 곳인 뉴저지 출신임을 기억하라). 다음 상황을 가정해보

자. 내가 당신에게 줄 돈이 있다. 그리고 당신은 돈을 받기 위해 최악의 교통체증을 뚫고 운전을 해야 한다. 상상이 가는가? 교통체증에 시달리며 뉴욕으로 출퇴근하던 때는 생각만 해도 화가 끓어오른다. 조지 워싱턴 다리, 링컨 터널, 홀랜드 터널은 단순히 뉴저지에서 뉴욕으로 가는 길이 아니다. 희망과 꿈이 죽음으로 건너가는 길이다.

어쨌든 뉴욕, 로스앤젤레스, 애틀랜타 또는 불타는 금요일의 저녁 5시 동네 골목 등 끔찍한 교통체증이 매일같이 난무하는 곳을 떠올려보자. 돈을 받기 위해 30분을 차와 차 사이에 갇혀 가다 서기를 반복하고 다시 또 30분이나 걸려 집으로 돌아온다. 내가 당신에게 얼마를 줘야 할까? 50달러? 100달러? 500달러? 1,000달러?

이 법칙은 내가 시간당 비용을 산정할 때 도움이 되었다. 현재 내가 시간당 비용을 받는 건 일대일 전화 코칭뿐이다(앞서 신청서를 받고 전화 상담 예약을 하고 대화를 나누는 과정을 통해 계약한다고 설명했다). 처음 전화 코칭 요금은 100달러였다. 그러고 나서 300달러, 그다음에는 500달러로 올렸다. 어느 시점에 나는 전화 코칭 한 시간당 1,297달러를 부과했는데, 사람들은 여전히 계약을 했다.

고작 한 시간 전화하는 데 누가 그 많은 돈을 지불할지 의심하는 사람도 있겠지만 거짓말이 아니다. 어쩌면 전화 한 통에 그만한 가치가 없다고 생각할 수도 있지만 가치는 상대적인 것이다. 이 일은 시간에 관한 게 아니라 문제를 해결하는 것이라는 점에서 가치가 있다.

내 비즈니스가 성장할수록 시간은 점점 더 귀중한 자원이 되었다. 그룹 코칭이나 더 많은 사람을 끌어모을 수 있는 웨비나로 한 시간 동안 벌어들일 수 있는 금액을 생각하니 개인 컨설팅에 부과하는 1,297달러도 합당한 가격이라고 여겨지지 않았다.

"마이크, 그럼 당신은 5천 달러를 받는다면 차가 꽉 막히는 30분 왕복 운전도 감수할 수 있나요?"라고 묻는 사람도 있을 것이다. 아마도 그럴 것이다.

하지만 나는 많은 사람이 참석하는 워크숍을 개최하고 인당 5천 달러를 받을 수 있다. 고작 5천 달러를 받고 30시간 걸리는 광고 문구 작성 계약을 할 필요도 없다.

자랑하려는 게 아니다. 나는 당신의 비즈니스가 바라는 규모만큼 성장하고, 포지셔닝과 가치를 갖추길 바란다. 당신에게는 자신의 비즈니스를 어떻게 운영할지 결정할 권리가 있고, 그게 효과적이라면 나는 즐겁게 당신을 응원할 것이다. 다만 돈을 적게 버는 데에 너무 많은 시간을 들이지 말라고 조심스럽게 조언하고 싶다.

상품의 가격대

온라인 강의, 도서, 기타 정보 상품 같은 상품의 가격을 책정할 때, 대부분은 시장에서 감당할 수 있는 수준이 어느 정도인지를 고려한다. 다른 유사 상품의 가격을 따라하지 말고, 몇 가지 기준 가격대를 설정해 의도적으로 가격을 책정하자.

나는 어떤 상품이든 가장 낮은 가격대를 100달러 이하로 상정한다. 대개 수동 소득 상품이 해당하는데, 전화 코칭같이 현장성을 띈 상품은 포함되지 않는다. 정보 상품의 경우 종종 29달러, 49달러, 97달러로 차등하게 가격을 매긴다. 이 숫자에는 어떤 마법이 들어 있지 않다. 그저 내게 꽤 효과적이었다는 것만 알아두자. 100달러 이하의 상품은 대개 '충동구매' 카테고리에 들어간다. 즉, 사람들이 구매 여부를 깊게 생각하지 않는다는 뜻이다.

두 번째 가격대는 100달러에서 500달러 사이다. 여기에 해당하는 상품들에 197달러, 297달러, 397달러, 497달러(혹은 199달러, 299달러, 399달러, 499달러)가 붙은 것을 볼 수 있을 것이다. 나 같은 경우, 전화 코칭을 하면서 이따금 이 가격대를 매기긴 하지만, 지속적인 관리 서비스를 제공하지 않고서는 수동 소득 상품에 이 같은 가격을 붙이기는 힘들다(500달러의 선을 넘었다면, 이는 충동구매 상품 단계를 넘어섰다는 말이다. 사람들은 그 가격대 이상의 상품을 구매할 때는 고민하기 시작한다. 이 사실을 명심하자).

세 번째 가격대부터는 금액이 높아진다. 500달러에서 1,999달러 사이다. 나는 797달러, 997달러, 1,297딜러, 1,497달러, 1,997달러 가격이 붙은 상품을 봤다. 대개 혼합 상품이며, 낮은 가격대의 상품보다 탄탄한 프로그램을 제공한다. 가령 강연 행사 티켓이나 실시간 전화 코칭뿐 아니라 온라인 강좌까지 껴 있는 경우다. 보통 이 금액대에서는 다양한 결제 방식을 제공한다.

네 번째 가격대는 2천 달러 이상이다. 이 가격대의 상품(서비스)을 운용하기 위해서는 판매 전화나 영업을 담당하는 사원을 고용하는 일이 필요해진다. 고객들은 거래가 잘 이뤄졌는지, 적합한 선택을 한 것인지 확인받고 싶어 한다. 과거 내 고객 한 사람은 지적 자산으로 자격증 프로그램을 만들어 5천 달러에서 7천 5백달러 사이에 판매했다. 판매 팀을 고용하기까지 했는데, 할부 프로그램을 진행할 담당자가 필요했기 때문이다.

이는 엄격하게 지켜야 하는 규칙은 아니다. 모든 상품을 가격대에 따라 제공하지 않아도 된다. 단지 혼란스러운 상황을 정리하는 데 다소 도움이 될 것 같기에 소개했다. 상품이 고객에게 큰 가치를 전달하고 고급 독자를 겨냥하도록 포지셔닝했다면, 가격도 그에 맞춰 책정해야 한다.

나다움으로 시작하는 퍼스널 브랜딩

가격이 저렴하다고 해서 시장에서 쉽게 자리 잡을 수 있는 건 아니다. 가격이 낮을수록 필요한 트래픽의 양은 더 많아진다. 그러므로 상품 가격과는 상관없이 여전히 광고 문안을 작성하고 웹페이지를 구축하고 다양한 홍보물을 만들어야 한다.

가격의 심리학

해변가에 위치한 기념품 가게 주인의 이야기를 들려주겠다. 그는 터키석으로 만든 장신구를 팔고 있었는데, 많은 노력을 했지만 아무도 장신구를 구매하지 않았다. 어느 날, 그는 휴가를 가면서 주말 근무자에게 메모를 남겼다. "1/2 가격." 하지만 엉성한 손 글씨 때문에 주말 근무자는 그만 "2배 가격"으로 잘못 읽고 말았다. 휴가를 마치고 돌아왔을 때 장신구들은 2배 가격에 몽땅 다 팔려 있었다. 가격은 종종 가치를 반영한다.

이 외에도 가격의 심리학을 이해하는 데 '컵케이크와 쿠키 테스트'(또는 A/B 테스트)가 큰 도움이 되었다. A/B 테스트란 두 가지 판매 방식을 제안해 어느 쪽이 더 효과적인지 살펴보는 방법이다. 마케터와 가격 컨설턴트 사이에서 자주 회자되는 사례가 있다. 바로 빵에 관한 사례다.

제안 1. 1달러에 컵케이크 하나와 쿠키 두 개

제안 2. 1달러 컵케이크를 하나 구매시 쿠키 두 개 추가 증정

두 제안 모두 똑같은 가격에 똑같은 상품을 제공하지만, 두 번째 제안이 첫 번째 제안보다 훨씬 더 큰 효과를 발휘했다. A/B 테스트는 상품을 어떻게 포지셔닝하는지에 따라 결과가 크게 달라진다는 것을 보여준다. 고객이 합리적인 구매를 했다고 생각하도록 증정품을 제공하거나 1+1 같은 제안을 활용할 수 있다.

▎ 보너스 샌드위치

앞의 이야기는 다음 질문을 하게 만든다. "제공할 증정품을 어떻게 결정하는가?" 몇 년 전 소셜 트리거Social Triggers의 창업자 데릭 할펀이 내게 '보너스 샌드위치'라는 유용한 이야기를 들려주었다.

- 맨 위 빵: 귀중하고 본 상품보다 훨씬 가치 있는 한정 보너스
- 햄과 야채: 본 상품
- 맨 아래 빵: 가치가 있으면서, 본 상품을 보충하는 것

나다움으로 시작하는 퍼스널 브랜딩

나는 온라인 강좌를 판매할 때 종종 '맨 위 빵' 보너스를 사용한다. 강좌에 등록하면 선착순 10명에게 일대일 전화 코칭을 추가로 해주는 것이다(이때 일대일 전화 코칭의 원래 가격이 얼마인지 알려준다. 추가 코칭은 내 시간을 더 들이는 활동이므로 가치를 더욱 부각해준다). '맨 아래 빵'은 그보다 저렴하지만 강좌를 듣는 수강생에게는 충분한 가치가 있을 문서 서식과 템플릿이다.

다른 곳에서는 강연회 참석 티켓이나 몇 달간의 전화 코칭을 보너스로 제공하기도 한다. 이런 상품은 보너스를 지급하는 것만 해도 수많은 시간이 투입되기 때문에 '혼합 상품'이라고 해도 무방하다.

핵심은 가격 책정이 당신에게 달렸다는 점이다. 다른 모델들을 살펴보고, 자신이 할 수 있는 일이 무엇일지 알아보자. 어떤 사람들은 전화 코칭이나 보너스 상품을 포함한 VIP 수준의 프로그램을 제공할 것이고, 동영상만 구매하고 추가 비용을 지불할 의향이 없는 고객을 대상으로는 가정학습 수준의 상품을 제공할 것이다.

당신의 가치만큼 가격을 매기고 20%를 더해라

가격 책정은 거래의 불확실성을 수반하기 때문에 어둠 속에서 총을 쏘는 것 같은 기분이 들 수 있다. 변수는 다음과 같다. 고객이 지닌 예산 수준, 프로젝트에 투입되는 작업량, 고객과의 협업성 등이다.

가격 책정 방법을 논하기 전에 한 가지 조언하겠다. 가격을 얼마로 책정하든, 거기에 20퍼센트를 더해라. 놀랍도록 기분이 좋아지지 않는가? 20퍼센트의 추가 가격은 고객을 만나거나 행사장으로 갈 때 두통을 몰아내는 주스 한 잔을 사 마실 수 있게 해주고 힘든 프로젝트를 뚫고 나아가는 힘을 주며 예기치 못한 고난을 견디게 해준다. 늘 당신의 수준보다 높은 가치를 부과하는 습관을 들여라. 슬프게도 사람들 대부분이 스스로의 가치를 펌하하곤 한다.

가치 평가

가격 책정과 관련해 어마어마한 가치를 창출함으로써 나를 즐겁게 한 사람이 몇 있다. 첫 번째는 커크 보먼으로, 동료 코칭 모임에서 만난 사람이다. 커크는 소프트웨어 회사 마이티데이터*MightyData*의 창업자이자, 팟캐스트 '가치의 기술*Art of Value*'을 진행하고 있다. 그리고 내가 처음으로 만난 가치 평가를 시행하는 사람이었다.

미국 투자 정보 사이트 인베스토피디아에 따르면, 가치 평가는 주로 해당 상품(서비스)에 대한 소비자의 인식에 근거해 상품 가격을 책정하는 전략이다. 따라서 가치 평가는 소비자 중심 가격 정책으로, 고객들이 상품의 가치를 얼마로 여기느냐가 관건이다.

커크가 처음 가치 평가를 적용한 상품은 맞춤형 건강 관리 애플리케이션이었다. 이 상품이 고객에게 창출해줄 가치를 확인한 그는 평소 부과하던 가격의 두 배를 책정했고, 계약을 따냈다. 12개월 후 커크의 고객은 모두 시간당 비용이 아닌 가치 평가 비용을 지불하게 되었으며 첫해에만 수입이 56퍼센트 증가했다. 이듬해 수입은 79퍼센트까지 증가했고, 그는 "다시는 뒤를 돌아보지 않았다".

커크를 만나고 나서 얼마 지나지 않아 나는 그를 팟캐스트로 초대해 인터뷰를 진행했다. 그 인터뷰는 가치 평가를 다룬 가장 의미 있는 대화였다. 나는 대화의 많은 부분을 기록했다. 그가 알려준 가장 도움이 되는 가격 책정 방법은 9상자 기법이다.

▎9상자 기법

나는 커크의 9상자 기법을 내 경험을 바탕으로 약간 변형해 활용하면서 고객들에게 알려주고 있다. 상자를 가로 3칸, 세로 3칸으로 나누고 고객이 당신과 함께 일하며 얻게 될 가치가 얼마인지에 근거해 대략적인 가격을 살펴본다.

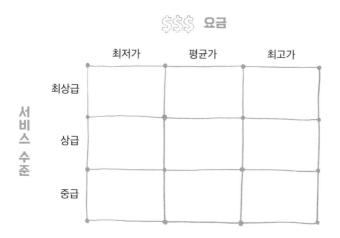

세로축은 제공하는 서비스의 수준을 나타낸다(서비스의 질에 관한 것이 아니다. 우리는 늘 가급적 최선을 다해 최상의 작업을 제공해야 한다. 여기서 말하는 건 그저 우리가 프로젝트에 관여하는 방법과 고객이 누리게 될 상품 가치가 얼마일지에 관한 것이다). 가로축은 서비스의 수준에 따라 부과하는 가격을 나타낸다.

• 최저가는 당신이 받을 금액의 최소한도다. 그 이하의 가격

은 적합하지 않다.

- 평균가는 당신이 합리적이라고 느끼는 수준의 금액이다. '제조업자가 붙이는 소매가'라고 생각하라. 자동차, 전자제품, 가전제품에서 자주 볼 수 있는 금액이다. 여느 회사처럼 당신 역시 이 가격을 바꿀 수 있지만, 이 정도 수준의 서비스 기준가를 대략적으로 알고 있어야 한다(20퍼센트를 더하는 것을 잊지 마라!).
- 최고가는 당신을 정말로 행복하게 해줄 가격이다. 터무니없어 보일 만큼 초과 금액을 설정하지 못하면, 이 같은 일은 현실로 이뤄지지 않는다. 당신의 마음을 불편하게 만드는 수준의 금액을 실제로 활용하는 방법을 배워야 한다. 그 금액을 정해보라.

9상자 기법의 장점은 중급, 상급, 최상급 서비스 수준을 판단하고 분명히 할 수 있다는 점이다. 프로젝트마다 당신이 생각하는 수준은 다를 것이다. 나는 프로젝트마다 9상자 기법을 다르게 적용했다.

다시 말하지만, 서비스 수준이란 당신이 해당 프로젝트에 얼마나 관여하고 싶은지 그리고 고객이 얼마의 가치를 받게 될 것인지를 말한다.

간단한 사례가 있다. 몇 해 전 친구 마이클 허드슨 박사가 자기 고객을 도와달라고 내게 도움을 청했다. 전체 조직의 리브 랜딩을 진행하고 있는 대형 회계 회사였다. 마이클은 내게 얼마의 수수료가 적당한지 물었는데, 경험 많은 컨설턴트였던 그는 내가 얼마나 관여할지, 얼마의 가치를 제공할지에 따라 몇 가지 선택지를 내밀 거라는 사실을 이미 알았다.

이 경우에 중급 서비스는 고객사의 마케팅 팀과 몇 차례 화상 컨설팅을 진행하는 것에 해당한다. 그들의 아이디어를 살펴보고, 내 아이디어를 몇 가지 제시하고, 캠페인에 관한 고급 전략을 보태준다. 비유하자면 그들은 핸들을 잡아 운전을 하고 나는 뒷좌석에 앉아 지침을 준다.

상급 서비스는 내가 본사까지 날아가 마케팅 팀과 이틀간 두 차례 대면 전략 회의를 진행하고, 추후 하루 정도 임원진과 회의 내용을 나누는 것이다. 회의 전과 후 두 차례에 걸쳐 화상 컨설팅을 진행하고 브랜드 런칭까지 리브랜딩 과정 전체에 관여한다. 여기서도 그들이 운전하는 것은 같지만, 내가 길잡이로서 조수석에 앉아 계속 앞을 바라보면서 결정의 순간이 오면 어디에서 방향을 바꿔야 하는지를 말해주는 점이 중급 서비스와의 차이다.

최상급 서비스는 중급과 상급 서비스에서 하는 일에 더해, 텔레비전, 라디오, 온라인, 옥외 광고 등 리브랜딩과 관련된 홍보물을 모두 제작하고 직원들과 내부 커뮤니케이션을 계속하는 것이다. CEO가 대형 강당에서 (수천 명의 참석자를 대상으로) 전사적 리브랜딩 내용을 발표하는 행사를 열면 그곳으로 날아가 참석하고, 내가 직접 무대에 올라가 리브랜딩 내용을 발표하기도 한다. 이 경우에는 내가 차를 운전하고 고객을 조수석에 태운다고 할 수 있다.

그다음 서비스 수준별로 가격을 설정한다. 나는 먼저 최저가 칸부터 채운다. 프로젝트에 가장 적게 관여하는 것이 어느 수준인지 결정하고 시작하는 편이 쉽기 때문이다. 이는 작업의 기준선을 제공한다. 그러고 나서 나머지 칸을 적절히 채운다.

가격을 도출했다면, 그 가격을 '최고' '평균' '최저' 중 어느 면에 넣을지 정한다.

일하는 방식을 '중급' '상급' '최상급'으로 구분해 세 가지 선택지를 보여주는 것도 무척 중요하다. 이는 고객에게 선택권을 준다. 만약 선택지가 한 가지밖에 없다면 계약할 기회가 현저하게 줄어들 것이다. 기억하라. 사람들은 구매하는 걸 좋아한다. 구매당하는 걸 좋아하지 않는다.

또한 9상자 기법은 당신이 특정 고객에게 얼마의 가격을 부과할지 결정할 자유를 준다. 내 친구 폴 클레인은 이렇게 말했다. "프로젝트가 아니라 고객에게 직접 가격을 부과해라." 비슷한 수준의 서비스라고 해서 모든 고객에게 똑같은 가격을 제시해야 한다는 규칙은 없다. 이는 가치 평가 개념과 맞물린다. 가치는 고객에게 무엇이 중요한지에 따라 크게 달라진다.

마지막으로 9상자 기법은 당신이 고객에게 적절한 가격을 부과할 수 있게 도와준다(고객 입장에서는 머리가 아플 테지만). 까다롭고 예민한 고객에게(예를 들어, 하루 종일 쉬지 않고 시시때때로 이메일을 보내거나 전화를 걸어대는) 추가 가격을 부과한다면 상당한 초과 수입을 얻게 되므로 당신의 인내심도 그만큼 늘어날 수 있다. 만약 그 사람에게 최저 요금을 부과하거나 아무 생각 없이 가격을 제시했다면, 최소한의 가격을 받고 최상급 서비스를 해야 하는 상황이 올 수도 있다.

그냥 넘기지 말고 9상자 기법을 사용해보자!

▌ 가격을 올리는 방법

사업을 하다 보면 가격을 올려야 할 시점이 온다. 당연하다.

당신이 하는 일을 더 잘하게 되고 고객에게 이전보다 더 큰 가치를 주고 있다면 그만큼 돈을 더 벌어야 마땅하다. 하지만 가격을 어떻게 올릴 것인가? 새 고객을 대상으로 할 것인가, 기존 고객을 대상으로 할 것인가?

새 고객을 대상으로 더 높은 금액을 제시하는 일은 쉽다. 그냥 가격을 올리면 된다. 그들은 기존에 당신이 얼마를 받았는지 알지 못하므로 그저 새로운 기준에 따라 프로젝트를 진행하면 된다.

내가 했던 방법을 설명하겠다. 나는 첫 고객 한 사람에게 500달러를 받고 아주 약간의 일을 해줬다. 몇 주에 걸쳐 몇 시간 동안 전화 코칭을 했는데, 그는 내게 웹사이트용 문구 작성과 상품 패키지 가격 결정, SNS 팔로워 수 늘리기, 이메일 주소 목록 작성을 요구했다. 말도 안 되는 일이었다. 하지만 그는 첫 고객 중 한 사람이었기에 나는 그에게 이 많은 일을 다 해줬다. 나는 그가 사업을 하길 바랐으며 내가 해준 일에 대한 좋은 후기를 받고 싶었다.

그는 나와 함께 작업해 큰 결과를 얻었고 그의 친구에게 나를 추천했다. 이번에도 비슷한 일이었다. 다만 차이는 내가 새로운 고객에게 2천 달러를 요구했다는 것이다. 나는 첫 고객에게서 다음 고객으로 넘어가면서 300퍼센트 올린 가격을 받았다.

이 다음이 진짜 놀라운 부분이다. 두 번째의 경우 첫 번째보다 일하는 시간이 줄었다. 내가 시간당 비용을 받았더라면 손실이 났을 것이다. 하지만 이것은 가치 평가에 기반한 가격이었다. 일을 더 잘하게 되어 더 많은 가격을 받을 수 있었다.

두 번째 고객 이후에 나는 신규 고객을 받을 때마다 새로운 가격표를 제시했다. 세 번째 고객의 경우 20퍼센트를 더 받았다. 그 고객은 엄청난 결과를 냈고 나는 내가 얼마나 가치 있는 일을 하고 있는지 깨달으면서 계속 가격을 올렸다.

수년이 흐르는 동안 내 전문성과 브랜드가 더욱 성장하면서 나는 이제 수만에서 수십만 달러의 금액을 받고 있다.

▌ 가격을 올리기 위한 간단한 대본

기존 고객에게 현재 제공하고 있는 서비스의 가격을 올리는 일은 좀 까다로울 수 있다. 여기서는 고객과 어떻게 소통해야 하는지를 주로 다룰 것이다.

내가 본 가장 좋은 사례는, 나와 오랫동안 일한 팟캐스트 프로듀서이자 마스터마인드 그룹(멘토링 또는 코칭 모임) 동료인 대니 오즈먼트이다.

대니는 최상급 팟캐스트 제작을 돕는 마케팅 회사 에메랄드 시티 프로덕션Emerald City Productions을 운영한다. 대니는 내슈빌에서 스튜디오를 운영한 경험이 있어 (내 팟캐스트를 포함해) 특히나 뛰어난 프로그램 음향을 제공한다. 또한 팟캐스트 산업의 최첨단에서 가장 청취자 수가 많은 팟캐스트 프로그램 몇 개를 제작하고 있다. 대니의 팀이 방송 편당 들이는 작업 시간이 기본적으로 길기 때문에(편집을 위해 방송을 전부 시청해야 한다) 작업료를 올릴 수밖에 없었다.

나다움으로 시작하는 퍼스널 브랜딩

친애하는 ○○씨,

올해는 저와 제 비즈니스가 크게 성장한 해입니다. 이 같은 성장에 촉매가 되어주셔서 진심으로 감사드립니다.

올해 상반기에 저는 팟캐스트 음향의 질을 높이는 방법을 공유하는 '쉬 팟캐스트_She Podcasts' 광고를 집행했고, 이 캠페인의 일환으로 팟캐스터들에게 무료 음향 평가 전화 코칭을 제공했습니다. 저는 월평균 7회 전화를 걸었고, 사람들의 말에 깜짝 놀랐습니다. 전화 코칭을 받은 사람 중 최소 절반이 유명 팟캐스트 제작 회사와 함께 일한 적이 있거나, 현재 함께 일하는 중이라고 말했습니다. 대규모 행사에서 볼 수 있는 큰 회사들이었죠. 우리 둘 다 아는 이름들일 겁니다. 제가 들은 말은 어김없이 모두 똑같았습니다.

"아무도 내 방송에 관심을 가지지 않는 것 같았어요."

"인턴과 함께 일하고 있는 기분이 들었어요."

"내게 자기들이 해야 할 일을 떠넘겼어요. 그런 사람들과는 두 번 다시 같이 일하지 않을 거예요."

"돈을 지불할 가치가 전혀 없는 경험이었어요."

어쩌면 제가 전화를 건 사람들이 쉽사리 만족하지 않는 유형일지도 모르지요. 감사하게도 저는 운이 무척 좋아서 당신과 같은 멋진 고객들과 일할 수 있었습니다.

하지만 이런 통화를 통해 저는 녹음 기사로서의 경험과 전문성을 살려 고객들에게 공을 들인 맞춤 서비스를 제공해야겠다는 생각을 굳히게 되었습니다. 저는 융통성 있게 일하면서 마지막 순간까지 고객들에게 신경을 쓰고 에메랄드 시티 프로덕션을 통해 제작된 모든 방송을 처음부터 끝까지 조감하고 마무리할 수 있기를 바랍니다.

양적, 질적으로 이 같은 수준의 서비스를 유지하려면 저는 매주 20편에서 25편 정도로 작업량을 줄여야 합니다.

모든 고객에게 관심을 기울이고 이 같은 수준의 서비스를 유지하기 위해 지난 몇 년간 저희 팀에 프로젝트 매니저, 편집자이자 믹싱 기사로 일할 경력직 녹음 기사를 충원했으며, 고품질 처리 및 분석 소프트웨어를 구입하고, 현재 광고 중인 상품 패키지에 몇 가지 서비스를 부가했습니다.

현재 신규 고객에게는 상당히 높은 비용을 부과하고 있으며, 이는 제 비즈니스의 성장을 위한 변화입니다.

3월 1일부터 제가 드리는 가치에 부합하는 가격으로 오릅니다.

저의 새로운 제작 일정표에 한 자리를 차지하실 기회를 우선적으로 드리려고 합니다.

고객님께 제 일이 그리 효과적이지 않았을 수도 있습니다(전적으로 이해합니다). 그래도 계속 저와 일하고 싶으시다면, 3월 1일부터 스탠더드 패키지에 ○○달러의 가격이 부과될 것입니다.

긴 시간 고객이 되어주신 데 감사하며 특별 고객 할인을 적용한 금액입니다. 그리고 향후 2년간 추가 금액은 발생하지 않을 것입니다.

스탠더드 패키지에는 기존 서비스에 추가 서비스가 부가되어, 결과적으로 기존보다 더 많은 혜택이 포함됩니다.

두꺼운 글씨로 강조한 내용이 추가되는 서비스입니다. 기존 스탠더드 패키지에서는 이용할 수 없던 서비스로, 오직 기존 고객에게만 적용되는 보너스입니다.

새로운 금액: ○○ 달러

새로 추가되는 서비스: (이하 서비스 내용 서술)

기존 비용으로 계속 이용하고 싶으시다면, 서비스가 축소된 에센셜 패키지도 있습니다. 주요 차이는 실시간 상세 편집 서비스가 포함되지 않는다는 것입니다.

두 가지 상품이 모두 마음에 들지 않으시다면, 고객님의 예산에 맞는 더 낮은 금액대의 상품을 찾도록 도와드리겠습니다.

오랫동안 함께해주셔서 감사드립니다. 고객님의 방송이 전문적인 방송으로 성장하는 데 도움을 드릴 수 있어 기쁩니다. 앞으로도 매주 고객님의 일이 최고가 되도록, 고객님의 방송, 커뮤니티, 비즈니스가 성장하도록 함께 일할 수 있길 바랍니다.

긍정적인 답변 주시기를 바라며, 제가 고객님의 성장을 도울 수 있기를 바랍니다.

감사합니다.

대니 드림

대니는 이 제안서를 고객들에게 보냈다. 그리고 아무도 계약 갱신 조건을 거절하지 않았다.

대니가 사업 초기에 가장 잘한 일은 자신을 최상위 프로듀서로 포지셔닝한 일이다. 그는 창립 및 사업 스토리텔링을 훌륭하게 해냈다. 그는 팟캐스트 시장에서 막대한 수의 팔로워를 보유하고 있으며, 팔로워들은 그에게 제작을 맡기는 것이 개인적, 직업적으로 성장할 수 있는 최선의 방법이라고 여긴다. 그는 세계적 음악 도시인 내슈빌에서 녹음 기사를 했던 경력이 있으며 이 경력은 그에게 누구도 대적하기 힘든 권위를 부여했다. 대니는 자신의 이야기, 상품, 서비스, 브랜드를 통해 명확한 포지셔닝을 구축했다. 자신의 수수료까지도.

기존의 장기 고객에게 가격을 올려 받는다고 해도 그들은 기꺼이 지불할 가능성이 높다. 사람들은 변화를 좋아하지 않는다. 당신의 대체자를 찾는 일이 그들에게는 힘든 일이 될 수 있다. 영향력이 있다면 돈은 뒤따라 온다!

우리가 스스로 제공하는 가치를 얼마나 간과하는지, 고객에게 그 사실을 언급할 때 얼마나 죄책감을 느끼는지 깨닫는다면 놀랄 것이다. 타인을 과대평가하고 자신을 과소평가하는 일을 그만둬라. 당신의 재능이 당신에게는 평범한 것일지 모르지만 그 평범함이 누군가에게는 '뛰어난' 것일 수 있다. 그들은 당신이 문제를 파악하고 해결하는 방식, 놀라운 솜씨로 결과를 만들어내는 모습을 보고 감탄할 것이다. 그리고 돈은 그 길을 따라온다.

체크리스트

 교통체증으로 인한 당신의 시간당 비용은 얼마인가?

제9장

7P: 권유
Pitch

◦ 가장 효과적인 마케팅 전략은 '진실'이다 ◦

앞선 장에서 대학 시절 한 학기를 휴학하고 텔레마케팅 일을 했었다고 말했다. 믹고 살기 위해 거짓말하는 일은 달갑지 않았지만 그 일은 영업을 할 때 대본을 따르는 것이 얼마나 중요한지 가르쳐줬다. 또한 잠재 고객의 마음을 읽고 이 사람이 구매할 준비가 얼마나 되어 있는지 판단하는 훈련도 했다.

그로부터 수년 후 나는 카피 작성법을 공부하면서 구매 권유에 관해 더 깊이 이해하게 되었다. 이번 장에서는 내가 구매를 권유하고 실제로 팔 수 있었던, 일상적으로 사용하는 가장 간단한 기본 틀과 도구들을 소개하겠다. 도구가 간단할수록 사용하기가 더 좋다. 성공하기 위해 판매의 달인으로부터 강도 높은 훈련을 받을 필요는 없지만, 대본을 이용하고 마케팅 캠페인을 수립하고 잠재 고객의 문제 인식 수준을 파악하는 법에 관해 기초적인 지식을 알아둘 필요는 있다.

본격적으로 들어가기 전에, 가장 효과적인 마케팅 전략은 진실을 말하는 것이라고 말하고 싶다. 이것이 앞으로 내가 할 모든 조언의 기본이다. 거짓말하지 말자. 행여라도 걸리면 브랜드에 회복할 수 없는 손상이 생긴다. 자, 이제 이번 장에서 무엇을 다룰지 이야기하겠다.

문제 인식의 다섯 단계

얼마 전 한 젊은 여인이(이제부터 낸시라고 부르겠다) 내 워크숍에 참석했다. 그녀는 '건강한 집'에 관한 아이디어가 있었고, 그것으로 사업을 시작하려고 했다. 나는 그녀가 뜻하는 바를 잘 이해하지 못했다. 낸시는 군인 가정 출신으로, 몇 년 동안 수차례 이사를 했는데, 어떤 집에서는 끔찍한 두통에 시달렸고 또 어떤 집에서는 그렇지 않다는 사실을 깨달았다. 그녀는 우연히 전기 계량기가 두통을 유발하는 전파 혹은 저주파 방사선을 방출한다는 온라인 동영상을 보게 되었다.

낸시는 사람들의 집에 방문해 평가 및 예방 차원에서 방사선 측정을 제안하는 사업을 시작하고자 했다. 그녀는 열정이 있었다. 쟁점은 사람들이 이 문제를 인식조차 하지 못하고 있다는 점이었다. 그녀는 아이디어프러너로서의 길을 걸어야 했다. 즉, 먼저 사람들에게 문제가 있다는 사실을 알리고 나서야 문제 해결을 시도해볼 수 있었다.

낸시와 일하면서 나는 기본 원칙을 세웠다. 위대한 카피라이터 유진 슈워츠의 광고의 기본 원칙에서 뽑아낸 원칙이었다. 이 원칙은 잠재 고객의 문제 인식 수준에 기반해 총 다섯 단계로 구성된다.

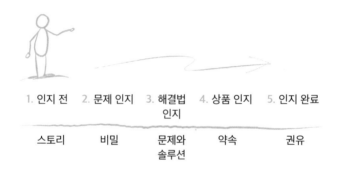

1. 인지 전	2. 문제 인지	3. 해결법 인지	4. 상품 인지	5. 인지 완료
스토리	비밀	문제와 솔루션	약속	권유

가장 낮은 인지 수준은 고객이 자기가 문제를 가지고 있다는 점조차 알지 못하는 단계다. 고객을 깨우치려면 이야기를 만들어야 한다. 앞에서 창업 스토리, 비즈니스 스토리, 고객 스토리를 활용하라고 그토록 강조한 이유다. 게다가 스토리는 당신에게 고객의 인지 수준과 관계없이 고객과 접촉할 수 있는 기회

를 준다.

내가 낸시에게 무엇을 해결하려고 하는지 모르겠다고 전하
자, 그녀는 내게 직관적으로 이해할 수 있는 이야기를 들려주
었다. 자신과 가족이 왜 수차례 이사를 했으며, 무선주파수 방
사선 문제를 어떻게 발견했는지를 말이다.

고객이 문제를 인지했다면 비밀을 공유할 차례다. 낸시는 자
신과 가족이 두통에 시달렸던 숨겨진 이유를 발견했다. 그녀의
권유는 "새집으로 이사한 뒤 계속 두통이 일어나지는 않나요?
진실을 알려드립니다!"이다.

잠재 고객이 문제를 해결할 수 있는 비밀, 즉 관련 상품(서비
스)이 존재한다는 사실을 알게 되었다. 하지만 어디에서 그것
을 구매해야 하는지 모를 수 있다. 여기서 잠재 고객이 당신의
상품의 존재를 알 수 있도록 문제를 다시 언급하고, 당신이 가
진 해결책을 이야기해야 한다.

잠재 고객이 이미 당신의 상품을 알고 있다면, 이미 당신의
브랜드(또는 상품)를 들어봤다는 의미다. 그러면 이제 당신의
상품(서비스)이 얼마나 믿을 만하고 명성이 있는지 알려주고
이를 바탕으로 낼 수 있는 결과, 즉 약속을 제시해야 한다.

잠재 고객이 모든 것을 인지했다면 직접적으로 구매를 권유
하면 된다.

정리해보자. 내가 낸시에게 '건강한 집'의 의미를 모르겠다고

말했을 때, 그녀는 가족이 수차례 이사를 하고 일부 집에서 이유 없는 두통을 겪은 이야기를 들려주었다. 그렇게 하자 나는 이전에는 들어본 적 없던 문제를 직관적으로 인지하게 되었고, 해결해야 할 필요성을 느꼈다. 그녀는 판매하고 있는 상품(상담 서비스)을 들려주었고 이 이야기는 자연스럽게 구매 권유로 이어졌다. 이 모든 일이 불과 몇 분 만에 일어났다.

홍보 캠페인을 꾸린다면 다음의 사항을 염두에 두자.

1. 인지 전=스토리
2. 문제 인지=비밀
3. 해결법 인지=문제와 솔루션
4. 상품 인지=약속
5. 인지 완료=권유

이제 간단한 대본을 제시하겠다. 이 대본을 이용해 당신도 자신 있게 전화를 걸고 구매 권유를 할 수 있다. '마이크, 대본이 꼭 필요할까요? 내 생각에 그건 너무 부자연스러울 것 같은데요. 전 즉흥적으로도 잘 응대할 수 있어요'라고 생각하는 사람도 있을 것이다.

나는 "필요하다"라고 답하겠다. 몇 년 전 브로드웨이 뮤지컬 《해밀턴》은 티켓 한 장이 1천5백 달러 이상의 가격으로 팔렸다. 몇 골목 내려가 즉흥연주 코미디 클럽에 가면 채 30달러도 안 되는 가격으로 공연 티켓을 구매할 수 있는데도 말이다. 즉흥연주 공연이 저렴한 이유는 좌석 선택이 어렵고, 공연의 재미 여부를 미리 알 수 없기 때문이다. 《해밀턴》이나 다른 값비싼 공연들은 재미와 화려함이 보장된 대본 덕분에 티켓 가격이 비싸다.

효과적이면서 친절한 전화 대본

이 방법의 기본 틀은 믿을 만한 마케터 친구인 레이 에드워즈가 세워줬으며, 나는 여기에 내 방식대로 살을 좀 더 붙여 전화를 걸 때마다 사용했다. 고객 신청서를 보고 잠재 고객의 정보를 사전에 입수했다면 더욱 효과적이다. 다음은 대본의 요점을 정리한 것이다.

"오늘 통화할 내용을 말씀드리자면…,"
"어떤 연유로 제게 연락을 주셨나요?"
"현재 가장 힘든 일이 무엇인가요?"
"그 문제를 해결하기 위해 시도한 다른 방법이 있으신가요?"
"그 방법이 왜 효과가 없었다고 생각하시나요?"

"제가 어떻게 도움을 드릴 수 있을지 말씀드려도 될까요?"

"궁금한 점은 더 없으십니까?"

위 내용을 순서대로 설명하겠다. 나는 매번 이렇게 통화를 시작한다. "연락 감사합니다. 오늘 이렇게 대화를 나누게 되어 기쁩니다. 오늘 이야기 나눌 주제를 간단하게 말씀드리자면, 먼저 제가 어떤 부분에서 어떻게 도와드릴 수 있을지 결정하기 위해 몇 가지 질문을 드릴 겁니다. 그러고 나서 제가 할 수 있는 일을 말씀드릴 겁니다. 그다음에는 무엇이든 궁금한 점을 물어보시면 됩니다. 통화가 끝날 때 제 말씀을 제대로 이해하셨는지 여쭤보겠습니다. 괜찮으십니까?"

당신은 상담을 주도하고 대화를 꾸려나갈 주제를 설정해야 한다. 누군가를 괴롭히는 게 아니라 통화를 효과적이고 친절하게 만들기 위함이다. 대부분 잠재 고객이 말을 하게 두고 당신은 이야기가 너무 벗어나지 않도록 받아주면 된다. 그러고 나면 당신과 고객 모두가 다음 단계로 넘어가도 되는지 알게 될 것이다.

이렇게 전화 상담을 진행했을 때 거절한 사람은 아직까지 한 사람도 없었다. 누군가 거절을 하면 나는 "무엇이 마음에 안 드십니까?"라고 물어보고, 통화가 힘들 것 같다고 느껴지면 "죄송합니다. 통화가 불편하시군요"라고 대답하고 통화를 종료한다.

나다움으로 시작하는 퍼스널 브랜딩

시간 낭비하지 마라.

잠재 고객이 통화에 호의적이라면 다음 단계를 진행한다. 고객 신청서에 기재된 내용을 토대로 더 깊은 질문을 이어나간다. "(해당 고객과 관련된 주제)에 관해 무슨 연유로 연락을 하셨나요?" 잠재 고객이 두서없이 말하고 당신의 정신을 산만하게 한다면 일단 진정시켜라. 기억하라, 통화는 당신이 주도해야 한다.

나는 상대를 진정시키는 한 가지 방법으로 상황을 정리하는 질문을 던지고 대화가 다시 대본에 맞추어 진행되도록 유도한다. 이를테면 다음과 같다. "실례지만 잠시 지금 말씀하신 내용을 제가 제대로 이해했는지 확인하겠습니다." 그러고 나서 다음의 질문으로 곧장 건너뛰어라. "현재 가장 힘든 일이 무엇인가요?"

완급조절이 필요하다

많은 영업 강사가 잠재 고객의 상처에 '소금 뿌리는' 법을 말한다. 고객의 고통에 초점을 맞추어 직접적이고 직설적인 질문을 던지는 방법이다. "지금 수입은 얼마입니까?"라든가 "얼마를 벌어야 합니까?"와 같은 질문이다.

잠재 고객이 고통에 집중하도록 유도하는 일도 굉장히 중요하지만(아무 고통도 겪지 않았다면 당신과 이야기를 나눌 일이 없을 것이다), 마케팅은 판매를 성사시키는 일이 아니라 관계를 여는 일임을 다시 한번 강조하고 싶다.

다소 불편하더라도 고객이 자신의 고통을 당신이 '받아준다고' 느껴서 관계를 깊이 이어가고자 할 때 비로소 다리를 놓고 판매를 완료하는 것이 당신의 일이다. 때로는 어렵겠지만, 대화에는 완급조절이 필요하다!

다시 말해 재량을 발휘해 말하는 방식을 조절하라는 말이다. 나는 직설적인 화법을 좋아하지 않는다. 성격에 맞지 않기 때문이다. 잠재 고객이 돈에 관한 대답을 하면, 나는 사려 깊게 묻는다. "현재의 위치에서 원하는 바를 이루려면 우리가 얼마나 더 벌어야 할까요?"라는 식으로 말이다.

나는 '우리'라는 단어를 사용했다. 내가 당신과 함께 일한다는 사실을 일깨우기 위함이다. 우리는 파트너다. 우리는 협상 테이블에서 마주 보고 앉아 있는 것이 아니다. 공통의 목표를 향해 나란히 앉아 있다. 나는 그저 그 목표가 무엇인지 알고 싶을 뿐이다.

다음 두 가지 질문은 교묘한 방식으로 고객이 고통을 털어놓도록 하는 질문이다. "이 문제를 해결하려고 다른 방법을 사용해보았나요?"라든가 "그 방법이 왜 효과가 없었다고 생각하세

나다움으로 시작하는 퍼스널 브랜딩

요?" 등이다. 이는 당신에게 고객의 배경 지식을 알게 하고, 고객이 시도해보았던 다른 해결책과 당신의 해결책을 비교해 차이를 보여준다.

이 시점에서 통화 시간은 10분에서 15분 정도면 충분하다. 통화의 대부분은 잠재 고객이 얼마나 많이 이야기를 하고, 당신이 얼마나 빨리 본격적인 대화에 진입하는지에 달려 있다. 다시 말한다. 이건 심리 치료나 무료 컨설팅이 아니라 판매하기 위한 연락이다. 잠재 고객이 이야기를 털어놓고 이해받았다고 느끼게 하되, 통화를 질질 끌어서는 안 된다. 계속 다음 단계로 넘어가라.

다음으로 당신이 그들을 어떻게 도울 수 있는지 말해라. 당신이 제공할 해결책을 직접 언급할 수도 있고, 과거에 비슷한 일을 진행했던 고객 이야기, 사례를 이야기할 수 있다(이 편을 추천한다). 때로 나는 이렇게 말한다. "제가 어떻게 도울 수 있는지 몇 가지 사례를 말씀드려도 될까요? 한 일 년 전에, 코치이자 강연가로서 퍼스널 브랜드 사업을 시작하려는 분과 일을 했는데……." 고객의 허락을 받은 경우에는 해당 고객의 실명을 밝히기도 한다. 그러면 잠재 고객과 더욱 유대감을 형성할 수 있다.

잠재 고객의 '첫 번째'인 것처럼 행동하라

초기에 나는 카피라이터, 대필 작가, 컨설턴트를 고용하려는 잠재 고객들을 몇 차례 마주쳤다. 이 경우에 나는 "카피라이터를 고용해서 함께 일했을 때 어떤 결과를 바라십니까?"라고 물었다. 뭘 바라는지 잘 모르겠다는 대답이 돌아오면, 다시 간단한 질문을 던진다. "카피라이터에 따라 등급이 있다는 사실을 아십니까?"

그들은 잘 모른다고 말하고, 그러면 나는 내 포지셔닝을 개괄적으로 전달한다.

"10등급 카피라이터는 최초 컨설팅에 2만 5천 달러를 받고 캠페인 문구를 작성하는 데는 15만 달러, 추가로 판매 수수료를 몇 퍼센트 받습니다. 프로액티브나 아이시 핫 같은 브랜드 캠페인 문구를 쓴 댄 케네디, 제이 에이브러햄 같은 사람들이 여기에 속하지요. 1등급 카피라이터는 1천5백에서 3천 달러 사이를 받지만 실제 경험은 없는 사람입니다. 저는 7에서 8등급입니다."

그다음에는 수수료를 대략 알려주고, 내가 작업했던 사례를 더 상세하게 전달한다(이 전략을 사용한다면 당신의 기술 수준, 등급을 최대한 솔직하게 말하길 바란다. 당신 수준으로 감당할 수 없는 프로젝트를 맡아 고객을 잘못된 길로 인도하고 싶지 않다면 말이다.)

이 시점에서 잠재 고객은 대부분 자신의 생각을 들려주고, 당신은 그 사람과 일하는 것이 적합할지 여부를 가늠할 수 있다. 마지막으로 "더 궁금한 점은 없으십니까?"라고 물어보자. 계약하기로 결정한다면 제안서 혹은 제안 요청서를 요구하면서 통화를 마무리한다. 나는 일대일 고객을 상대할 때 이 대본을 자주 사용하는데, 프로젝트 범위가 전화하는 동안 명확해지기 때문이다. 그룹 코칭에 가입하려는 고객이라면, 이 시점에서 고객에게 수수료를 말해주고 등록할지 물을 수 있다.

당신의 제안이 마케팅 도구다

나는 정해진 기간 내에 제안서를 받는 것을 방침으로 삼고 있다. 대개 내가 제안서 양식을 보낸 후 영업일 3일 이내이다. 제안서 수령의 유효기간을 정하자. 일을 질질 끌며 앉아 있는 누군가를 기다리는 일 말고도 할 일은 많다. 또한 이 작업은 당신의 포지셔닝과 브랜드를 강화한다. 이 과정에서 한 번 이상 연락을 독촉해야 할 수도 있다. 이것이 내가 판매 전화를 운영하는 방식이고 가장 큰 규모의 프로젝트도 이처럼 간단하게 시작했다.

성공한 전문가로서 비즈니스를 운영하려면 코칭, 컨설팅, 강연, 프리랜서 이상의 몫을 해내야 한다. 분명하고 전문적인 고객 커뮤니케이션 역량과 프로젝트 사업의 마무리를 적절히 관리하는 능력이 필요하다. 모든 것이 브랜딩이다. 당신의 전화를 받은 고객의 경험, 당신이 보낸 제안서는 모두 당신의 전문성을 드러낸다.

내가 고객에게 보내는 제안서 템플릿이 궁금하다면 홈페이지를 방문하라(MikeKim.com/store). 신청서, 공식 제안서, 1페이지 제안서(재구매 고객에게 사용하기 좋다), 고객 후기 양식을 유료로 판매하고 있다. 또한 외부에 공개하지 않은, 비밀번호를 입력해야 들어갈 수 있는 숨겨진 페이지에서 응모 가능한 고액의 강연회 개최 목록도 찾을 수 있다. 이 같은 서식은 어떤 프로젝트든 전문가처럼 다룰 수 있도록 설계되어 있으며, 문서를 만드는 시간 또한 절약해준다.

▎방문객을 잡아둘 매력적인 콘텐츠를 만드는 간단한 방법

다양한 SNS 채널을 비롯한 팟캐스트, 웨비나, 유튜브 동영상 같은 매체에서 잠재 고객에게 브랜드 스토리를 전달하고 전문성을 드러냄으로써 당신의 인지도를 높일 수 있다.

이런 마케팅을 할 때 나는 아주 간단하지만 중요한 법칙을 따른다. 핵심이 없는 스토리는 절대 말하지 않고 스토리 없는 핵심도 절대 말하지 않는다는 것이다.

나는 빅 아이디어들을 틈틈이 한 무더기 수집해서 저장한다. 빅 아이디어란 내가 작성한 문장, 명언, 다른 책에서 본 문장이 될 수 있다. 또한 스토리도 한 무더기도 가지고 있다. 마케팅 콘텐츠를 작성할 때는 다음의 시퀀스를 사용한다.

1. 빅 아이디어
2. 스토리
3. 해결책

핵심은 강력한 한 방이 있어야 한다는 점이다. 이는 SNS, 60초 이하 동영상 같은 조각 콘텐츠(숏폼) 또는 이메일 마케팅에 효과적이다.

어느 날 나는 과거 SNS 게시물을 훑어보다가 몇 달 전에 올린 "두려움에 가장 효과적인 치료제는 행동이다"라는 글을 봤다. 딱히 독창적이거나 깊이 있는 게시물이 아니었는데 너무나 많은 사람이 '좋아요'를 눌러서 깜짝 놀랐다. 콘텐츠의 유효성은 얼마나 많은 사람들이 '좋아요'를 눌렀느냐에 달려 있기에, 나는 그것과 비슷한 콘텐츠를 몇 개 더 만들기로 했다.

워싱턴 DC에서 열린 워크숍에서 '빅 아이디어, 스토리, 해결책' 방식을 가르친 적이 있다. 그때 휴대전화를 꺼내 들어 동영상 셀카를 찍고 이렇게 말했다. "여기에 오늘 우리가 배운 것이 담겨 있습니다. 두려움에 가장 효과적인 치료제는 행동이라는 점이요." 그러고 나서 나는 배경에 있는 관객들이 첫 SNS 마케팅 동영상을 작업하는 모습을 보여주고, 그들이 무엇을 하는지 작성했다.

놀라울 만큼 많은 사람이 이 게시물에 댓글을 달고 워크숍에 관해 질문하는 메시지를 보냈다. 나는 그들에게 이후에 예정된 워크숍 등록 페이지 링크를 보내주고 전화 문의도 가능하다고 답변했다.

손에 닿는 곳에 빅 아이디어들을 모아놓아라. 당신의 아이디어는 물론 다른 사람의 아이디어 모두를 말이다. 이는 아이디어가 흘러가도록 도와줄 것이다. 이런 아이디어 하나가 콘텐츠가 되고 판매로 이어지는 데 얼마나 큰 영감이 되는지 아는가?

▎끝까지 보지 않고는 못 배길 첫 문장 쓰는 법

SNS 게시물이나 동영상 제목, 마케팅 이메일 등을 쓸 때 강력한 첫 문장이 매우 중요하다.

나는 이 사실을 카피라이터 라이언 슈워츠에게서 배웠다(카피라이터 유진 슈워츠와 혼동하지 마라). 라이언과는 우연히 알게되었는데, 사업 초기에 그의 배우자인 수가 내 어시스턴트를했던 덕분이었다. 당시 그녀의 남자친구였던 라이언에 관해서는 온라인 마케팅 분야에서 가장 잘나가는 카피라이터라는 것밖에 몰랐다. 마케팅의 신이 우리의 만남을 안배한 것 같았다. 그가 내게 이 방법을 가르쳐줬다.

1. "그게 가능할 거라고는 전혀 생각하지 못했어요. 그런데…"라는 문장을 써라.
2. 생각을 완결하라.
3. "그게 가능할 거라고는 전혀 생각하지 못했어요. 그런데…"를 지워라.

첫 번째 문장은 너무 많이 생각하지 않게 해주고, 깜짝 놀랄만한 아이디어를 떠올릴 자리를 마음속에 만들어준다. 내가 쓴마케팅 이메일을 통해 실제로 어떻게 활용하는지 살펴보자.

1단계: "그게 가능할 거라고는 전혀 생각하지 못했어요. 그런데 이메일 마케팅 대부분이 약해요." (나는 '약한' 대상을 무엇으로 정할지 고민했다.)

2단계: "그게 가능할 거라고는 전혀 생각하지 못했어요. 그런데 이메일 마케팅 대부분이 샤킬 오닐의 자유투보다 약해요."

(샤킬 오닐은 NBA 명예의 전당에 오른 농구 선수로, 자유투를 끔

찍하게 못 넣기로 유명하다.)

3단계: ~~"크게 가능할 거라고는 전혀 생각하지 못했어요. 그런데~~

~~이메일 마케팅 대부분이 샤킬 오닐의 자유투보다 약해요."~~

결과: "이메일 마케팅 대부분이 샤킬 오닐의 자유투보다 약하다."

이 이메일에 대한 응답은 과연 열광적이었다. 이메일을 열
어본 많은 독자들이 너무 재밌었으며, 끝까지 읽었다고 답신했
다. 잘 통한 것이다. 우리는 사람들이 홍보물에서 뭔가를 느끼
길 바라며 콘텐츠를 제작한다. 유머, 즐거움, 영감, 분노 등 어
떤 감정이든 말이다. 마케팅 내용이 예측 가능하다면 지루할
뿐이다. 그리고 사람들은 거들떠보지 않는다.

실제 캠페인에서 인지의 다섯 단계를 활용하기

인지의 다섯 단계를 실제 캠페인에 어떻게 활용하는지 사례를
들어 이야기하겠다.

다음은 내가 썼던 홍보용 이메일의 제목이다. 부트캠프는 내
가 SNS에 홍보했던 무료 3단계 비디오 트레이닝을 말한다. 이

트레이닝에 등록하고 싶은 사람은 이메일 주소를 먼저 등록해야 한다. 그러면 내가 더 많은 콘텐츠를 직접 메일로 발송하고 프로그램을 홍보한다.

제목 옆 괄호 안에 쓰인 단어는 바로 '인지 단계'다. 이메일 1은 '3단계 비디오 트레이닝'에 대한 확인 메일이며, 실제 홍보 캠페인은 이메일 2에서 시작된다.

1. "퍼스널 브랜딩 부트캠프!"에 오신 걸 환영합니다!

2. 부트캠프 세션 1: 당신이 들어갈 세 가지 시장 [비밀]

3. 부트캠프 세션 2: 기업가의 두 가지 유형 [비밀]

4. 직업을 바꾸려면 돈을 얼마나 벌어야 하는가? [스토리, 비밀]

5. 부트캠프 세션 3: (적절한) 예상 고객 규정하는 법 [스토리, 비밀]

6. 24시간 '오픈 소스' 공개! [문제와 솔루션]

7. 지금 실시간 세미나에 등록하세요! [권유]

8. 직장에서 벗어나 동종 분야에서 꿈꾸던 일을 하기 [스토리, 비밀, 권유]

9. 직장을 그만두고 코칭 사업 시작하기 [스토리, 비밀, 권유]

10. ○○만 하면 성공 보장! [권유]

이메일 7부터 직접적인 권유가 등장하는데, 잠재 고객이 홍보 콘텐츠에 많이 노출된 시점이기 때문이다. 이 캠페인의 핵심은 이메일 8, 9에서 볼 수 있듯이 스토리, 비밀, 권유의 조합이다.

이 프로세스는 구매 권유에 시달리는 피로를 줄이고 잠재 고객이 스토리를 다시 보고 공감을 느끼게 한다. 나는 과거 고객들에게 얻은 유사한 일화를 들려줄 시간을 얻고, 그 스토리에서 간단한 조언을 뽑아내고, 핵심을 정리한다. 이 모든 것이 이메일 한 통에 전부 들어간다. 다음 이메일을 살펴보자. 8번에 해당하는 내용이다.

> 제가 ○○ 프로그램에서 가장 많이 받은 질문은 "제가 '정말로' 사업을 할 수 있을까요?"입니다. 여기에 관한 일화가 하나 있습니다. 조지프 B.는 웹사이트 개발, 온라인 마케팅, 인쇄 광고를 집행하는 마케팅 회사에서 변호사로 일하고 있습니다.
>
> 그는 언제나 집에서 할 수 있는 자신만의 사업을 꿈꿨지요. 하지만 그에게는 아내와 두 자녀가 있어 다음과 같은 항목을 고려해야만 했습니다.
>
> 1. 불확실한 수입
> 2. 사무실 근무에서 재택근무로의 전환

3. 고정 고객을 찾는 경로

4. (고객 의뢰 외에) 다양한 수익 흐름을 만드는 방법

5. 아내에게 일을 그만둔다는 이야기를 전달하는 전략

조지프는 ○○프로그램에 등록하고, 이 프로그램에 배운 전략 중 하나를 활용했습니다.

'전 직장을 첫 고객으로 삼기.'

조지프는 같은 분야에서 일을 계속하고 싶었기에 현재 고용주와 고용 조건을 다시 협상해 파트타임이나 필요 시 계약을 하는 방향 으로 전환했습니다.

그러고 나서 그는 최소 기능 플랫폼(minimum viable platform, 최 소 기능 제품 개념. 최소 기능 제품이란 고객 반응을 살펴보기 위해 완성 품을 출시하기 전에 최소한으로 실행 가능한 형태로 출시하는 상품을 말 한다—옮긴이)을 시작하기 위해 ○○ 프로그램의 전략을 사용해 이전 직장을 출발점으로 삼고 시장에 출사표를 내밀었습니다.

하는 일은 같지만 몇 배의 수입을 얻을 수 있다고 상상해보세요. 바로 조지프가 이루어낸 일입니다. 그는 이제 4년차 개인 사업가 입니다.

[고객의 얼굴 사진과 코멘트]

조지프는 "자신이 들은 최고의 강좌"라고 내게 여러 번 이야기하고 다음과 같은 문자를 보냈습니다.

"정말 최고의 강의였어요. 당신은 복잡한 개념을 완벽하게 이해하기 쉽도록 가르쳐줬습니다. 강의는 제게 유용한 결과를 얻게 해줬고요."

인생은 한 바퀴 돌아옵니다. 그와의 인연으로 작년에 의뢰받은 마케팅 일의 일부를 조지프에게 맡겼습니다.

저는 해당 계약이 끝났지만, 조지프는 아직 그 회사와 일을 하고 있습니다. 이 사례는 자신의 브랜드를 분명하게 하고 네트워크를 구축했을 때 어떤 힘을 지니는지 보여줍니다.

○○ 프로그램이 귀하께 앞으로 나아갈 계획을 제공합니다.

○○ 프로그램을 위한 '오픈 소스'를 다음 링크에서 이용하십시오.

수강료 안내도 확인하실 수 있습니다.

이 제안은 24시간 동안 유효합니다.

지금 신청하기 》 [링크 삽입]

지금 등록하기 》 [링크 삽입]

나는 고객들로부터 이 이메일을 통해 프로그램에 등록했다

나다움으로 시작하는 퍼스널 브랜딩

는 답신을 수없이 받았다. 정말일까? 물론 아니다. 그들이 프로그램에 등록한 이유는 신중하게 계획된 마케팅 캠페인에 자주 노출되어 이미 익숙해졌기 때문이다. 이 이메일은 판매를 마무리하는 데 약간만 기여했을 뿐이다.

큰 돌 vs 작은 조약돌: 연간 마케팅 계획 세우기

하루하루 전쟁 같은 나날을 이겨내고, 일 년 내내 구매 권유의 성공률을 3만 피트 높이로 끌어올릴 방법을 전하며 이 장을 마치고자 한다. 적어도 연간 두세 차례 판매를 크게 일으킬 한 방이 필요하다. 과도기에는 콘텐츠를 만들고, 어떤 식으로든 홍보 활동을 통해 잠재 고객을 확보하는 방식을 이용할 수 있다.

사업을 하는 사람이 반드시 이해해야 할 사항이 있다. 연못에 물결이 일도록 큰 돌을 던지는 일의 중요성이다. '어그로를 끈다'는 말은 흔히 부정적인 의미로 사용되지만, 마케팅에서는 빼놓을 수 없는 부분이다.

매주 블로그 게시물이나 팟캐스트를 올리는 것은 대단한 일이다. 하지만 특정 콘텐츠가 입소문을 타지 않는다면 실제로 어떤 반향을 일으키지는 못한다. 매일 SNS에 게시물을 올리는 일은 연못에 조약돌을 던지는 일과 비슷하다. 분명 멋지고 해볼 만한 일이지만 반향을 일으키지 못한다는 점에서 말이다. 적어도 판매에 있어서는 그렇다.

어느 시점이 되면 큰 돌을 집어 던져야 한다. 물살이 출렁여서 큰 파도를 일으키도록 말이다. 사업 초기에 내게는 첫 번째 웨비나, 첫 번째 화상 모임, 첫 번째 상품 출시가 큰 돌이 되었고 물살을 일으켰다. 아무도 구매하지 않는다 할지라도 이 행위들 자체가 사람들의 관심을 끌 수 있다. 사람들은 당신이 하는 대대적인 홍보 캠페인을 주목한다. 이 캠페인은 당신이 실제 판매량보다 훨씬 더 대단한 무언가를 하고 있다고 사람들이 인식하게 만든다.

당신이 일반 상점이나 전문적인 서비스를 제공하는 업체(변호사 사무실, 미용실, 레스토랑 등)보다 전통적인 사업을 하고 있다면, 물살은 다른 방향으로 구부러진다.

학원에서 마케팅 총괄 책임자로 일할 때, 우리는 종종 '대대적인 공세'를 퍼부었다. 특정한 달에는(주로 3월) 한 달 내내 공개 행사를 진행했다. 여름 방학에 학생을 많이 확보하기 위해서였다. 공개 강의나 워크숍에 사람들이 관심을 보인 이유는 그들이 스스로 부족하다고 느끼는 어딘가를 찌르고, 문제를 빨리 해결해야 한다고 조급함을 느끼게끔 촉구했기 때문이다. 우리는 온 마을에 광고물을 도배하고 홍보 활동을 했다.

나는 콘텐츠 뒤에 숨어서 절대로 웨비나나 상품 출시를 하려

나다움으로 시작하는 퍼스널 브랜딩

고 하지 않는 사람들을 많이 만났다. 당신은 위험을 감수하고 조약돌이 아닌 큰 돌을 물에 던져야 한다. 내가 사업을 하면서 사용했던 홍보 전략을 예로 들어 보면 조약돌은 다음과 같다.

1. 주 1회 팟캐스트 게시
2. 주 1회 유튜브 동영상 게시
3. 월 1회 마케팅 및 브랜딩에 관한 블로그 게시물 게시
4. 주 2회 메일링 리스트에 있는 사람들에게 이메일 발송
5. 주 2회 모든 SNS 플랫폼에 게시물 게시

어떤 콘텐츠가 입소문을 탈지 누가 알겠는가? 하지만 이와 같은 희망만으로 마케팅 계획을 수립하지는 못한다. 오해하지 말자. 조약돌은 중요하다. 너무 들쭉날쭉해서 틈이 생기기 때문에 큰 돌만으로는 토대를 쌓을 수 없다. 그 틈 사이에 조약돌을 채워 넣어야 한다. 또한 반대로 조약돌만으로도 전체 토대를 쌓을 수 없다.

나는 일 년에 몇 차례 큰 돌을 던진다. 주로 1월~4월, 5월~8월, 9월~12월, 이렇게 4개월 단위로 삼등분한다.

- 1월~4월: 관심을 끌기 위해 무료 온라인 코칭 프로그램을 출시하고 메일링 리스트를 확보하고 무료 코칭 프로그램

참가자들이 '인증 받은 90일짜리 개인 코칭 프로그램'을 구매하게 한다.

- 5월~8월: 소규모 워크숍을 주최한다. 코칭 프로그램 수강생들에게 할인 가격으로 워크숍 참가 티켓을 판매하고, 남은 좌석은 일반 가격에 일반 판매를 한다. SNS에 워크숍 사진, 추천 동영상을 게시하고 강의를 촬영한다. 워크숍 당일에는 참석자들에게 다른 개인 코칭 프로그램을 홍보한다.
- 9월~12월: 워크숍을 촬영한 동영상으로 구성된 온라인 강의 프로그램을 출시한다. 인가받은 코칭 프로그램 참가자들에게 코칭 전화를 하고 전화 내용을 동영상으로 촬영해 강의를 완성한다. 짧은 워크숍 동영상 클립을 만들어 SNS에 게시한다.

한 가지가 다음 한 가지의 자양분이 된다. 큰 돌 하나하나가 수익을 창출하고 홍보가 되고 다음 돌을 위한 콘텐츠를 안겨주고 고객들과 더 깊은 관계를 맺게 해준다. 큰 돌들을 앞서 언급한 조약돌들과 함께 단단히 묶었다고 해보자. 이제 탄탄한 토대가 쌓였다.

어째서 내가 '큰 돌' 캠페인을 분기별(즉, 일 년에 네 차례)로 하지 않는지 궁금한 사람도 있을 것이다. 퍼스널 브랜딩 사업에서 큰 돌로 탄탄한 마케팅 근육을 키우기에 90일은 너무 짧다. 그렇게 하면 지치기도 쉬운데다, 시장 역시 산만하다고 느낄 것이다. 어느 날은 강의를 홍보하고, 그다음 날은 책을 팔고, 또 그다음 날은 코칭 프로그램을 홍보하는 식으로 말이다. 큰 돌은 4개월 단위로 던져야 효과적이다.

사업이 커갈수록 큰 돌 역시 변화한다. 내가 처음 시작했을 때는 카피라이팅 서비스, 웨비나 주제, 팟캐스트 시작 등이 큰 돌이었다. 이제 사업이 성장하고 돌이 더 커졌기 때문에 이것들은 당연한 것이 되었다.

▎ 돌을 던져라, 그렇지 않으면 사라지리니!

지금은 일단 돌의 크기와 상관없이, 당신이 속한 시장의 마음을 사로잡을 만한 일을 꾸준히 해야 한다. 더 많은 고객을 끌어들이고, 더 큰 무대에 서고, 더 많은 기회를 잡기 위해 당신만이 할 수 있는 작업을 해야 한다. 앞으로 하겠지만 아직 시작하지 않은 일로 명성을 쌓을 수는 없다.

웨비나를 주재하던 초기 시절 에피소드 하나가 잊히지 않는다. 2015년도에 있었던 일인데, 당시 내가 출시한 강의를 홍보할 때였다.

나는 강의를 홍보할 웨비나를 주최하기로 했고, 여러 차례 판매 성사율을 테스트해보고 싶었다. 저녁 8시, 오후 2시, 오전 11시에 한 번씩 웨비나를 진행했다. 저녁 8시와 오후 2시에는 의도한 대로 잘 진행되었고, 제법 괜찮은 판매고를 올렸다. 하지만 슬프게도 오전 11시에는 딱 두 사람만 나타났다.

나는 고민하기 시작했다. 나는 단지 강의를 홍보하기 위해 이 일을 하나? 참석자들에게 진정한 가치를 전달하기 위해 시작한 건 아니었나? 결국 두 사람뿐이었지만 전날 저녁 8시에 200명이 참석한 웨비나와 똑같은 에너지를 가지고 진행하기로 마음먹었다. 무슨 일이 일어났을까? 두 사람 중 한 사람이 강의를 구매했다. 승률로 따지면 무려 50퍼센트가 아닌가!

이 이야기를 하는 이유는 내가 당신에게 조언을 하는 '전문가'라고 생각하지 않길 바라서다. 나는 당신이 걸어가는 그 길을 먼저 걸은 사람일 뿐이다. 앞의 일화처럼 누구나 사업을 하면서 겪는 기묘한(그리고 때로는 좌절하는) 순간들을 겪었다.

무슨 일이 일어나든 우리는 멈추지 않고 나아가야 한다. 계속 공을 던져야 한다. 연못에 큰 돌을 던져야 한다. 노력하는 일, 구매 권유를 하는 일이 힘들 때면 내 이야기를 떠올려라. 두 사람뿐이었던 그 웨비나가 실패가 아니었다는 사실을. 나는 아직도 권유하는 일이 어렵다. 하지만 내 임무가 사람들을 돕고 사업이 망하지 않게 하는 것이라는 사실을 스스로에게 꾸준히 상기시킨다.

노골적인 권유 행위가 메스꺼워질 때면, 과거 내가 전문 지식을 아낌없이 무료로 나누어주고, 말할 수 없을 만큼 오랜 시간 기술을 연마하고, 잠재 고객들과 관계를 맺는 데 에너지를 쏟아붓고, '정직하게' 마케팅을 했다는 사실을 떠올린다. 돌을 던져라, 그렇지 않으면 사라지리니!

체크리스트

Q. 당신의 올해 연간 마케팅 계획의 세 가지 '큰 돌'은 무엇인가?

제10장

8P: 협업
Partners

◦ 협업은 로켓과 같다 ◦

20대 초반에 내가 다니던 교회에 초청 강연을 하러 오는 연사를 마중하는 일을 자주 맡았다. 그 신사는 고정적으로 초청 강연을 했었기에 이미 안면이 있었다. 내 일은 공항에서 그를 태워 호텔로 안내하고 편안하게 머물도록 필요한 일을 돕는 것이었다. 나는 그가 마을에 올 때마다 그 일을 도맡았다.

그 신사는 내가 만나 본 가장 독특한 사람 중 하나였다. 존재감이 엄청났으며, 가나 동부 지역 어딘가의 부족장이라는 사실이 놀랍지 않을 정도였다.

차에서, 복도에서, 식사를 하면서 그와 나눈 대화는 값을 매길 수 없을 만큼 귀중했다. 그 대화들은 그가 강연에서 이야기한 내용만큼이나 내게 큰 영향을 주었다. 차 안에서 그는 이따금 세계적인 리더들과 중요한 통화를 나눴는데, 전화기 너머 상대방에게 말하는 방식이 내 귀에 생생하게 들렸다. 언젠가 그가 미국에 있는 누군가와 통화를 마치고 나서 내게 한 말이 아직도 기억이 난다. "자네는 재능이 있어, 하지만 인생의 10퍼센트는 자네가 무엇을 아느냐의 문제이고, 90퍼센트는 자네가 누구를 아느냐의 문제라네."

솔직히 말해 당시에는 그의 말을 믿지 않았다. 나는 아직 어렸고 앞날이 창창했으며 재능이 충분하다고 진심으로 믿고 있었다. 몇 년이 흐르면서 서서히 그의 말이 옳았음을 깨닫기 시작했다.

그래서 나는 브랜딩에서 관계 맺기를 강조한다. 지금까지는 잠재 고객과 관계를 시작하기 위해 어떻게 마케팅을 이용할지 말했다. 이제 협력사 및 친구들과 관계를 구축하는 일을 이야기하겠다. 협업 과정은 로켓과 같다. 가장 모범적인 사례는 내 친구 폴 마르티넬리이다.

파트너십을 맺고, 상호 협력하고, 멘토를 두어라

폴 마르티넬리는 자기 계발 분야에서 큰 성공을 거둔 명사 몇몇이 명성을 쌓는 일을 도왔다. 존 맥스웰, 밥 프록터, 대니얼

245

에이맨 박사 같은 인물들과 일하고 수천만 달러에 달하는 지적 재산권 업무를 담당했다.

그가 이토록 큰 성공을 거둔 이유는 관계를 구축할 때 삼각 전략을 활용한 덕분이다. 그는 "파트너십을 맺고, 상호 협력하고, 멘토를 두어라"라고 말한다. 폴의 이 말은 내가 "유레카!"를 외치게 했다. 내가 무의식적으로 하고 있던 일을 그가 언어로 잘 표현해준 것이다.

그런데 한편으로는 다소 반대로 행동하기도 했다.

2013년 블로그를 시작했을 때 나는 온라인 마케팅 분야에 아는 사람이 한 사람도 없었다. 제2장에서 이야기했던 길을 걷기 시작하면서 빠르게 브랜드를 성장시키고 제휴처와 공동 작업자의 관심을 끄는 몇 가지를 '우연히' 발견했다.

돌이켜보면 이것들이 어떻게 시너지를 냈는지 알 수 있지만, 지금은 먼저 내 첫 시작을 이야기하는 게 중요할 것 같다. 그러고 나서 내가 어떻게 파트너십을 맺고 협업하고 멘토를 두었는지, 그러니까 무척이나 빨리 말도 안 될 만큼 커다란 기회들을 끌어당기며 매순간 성장하는 브랜드를 만들었는지 이야기하면서 이 장을 마무리하겠다.

이 일이 얼마나 중요한지는 말로 다 할 수가 없다. 이 모든 일은 사람들이 협업하고 싶어 하는 브랜드를 구축하는 데 달렸다. 자만심이 강해지면 사람들이 참아줘야 하는 까다로운 사람이 될 뿐이다.

내가 처음 사업을 시작했을 때 사용한 전략부터 이야기하겠다. 바로 다른 사람의 모범적인 사례연구 대상이 되는 것이다.

전략 1. 누군가가 꼼꼼히 살펴볼 만한 사람이 되어라

현재 대단한 명성을 떨치는 전문가 역시 한때는 아마추어였음을 기억하라. 리더들 역시 처음에는 어떤 리더를 따르는 사람이었다. 스승 역시 한때는 학생이었다. 얼마나 대단한 사람으로 보이든 간에 그들 역시 인간이며 사람이 지닌 열망은 예나 지금이나 똑같다. 자, 이런 거물들이 정말로 원하는 일은 무엇일까? 대중의 관심이나 수익이다.

문제는 처음 시작할 때 대중의 관심이나 수익을 발생시킬 만큼 팔로워 수가 충분하지 않다는 점이다. 문제를 해결하려면 팔로워들이 원하는 것을 주고 그들에게 다른 누구보다 더 도움이 될 만한 다른 방법을 생각해야 한다. 가장 쉬운 방법은 누군가가 꼼꼼히 살펴볼 만한 사람이 되는 것이다.

앞서 언급했듯이 내가 사업을 시작한 초기에 온라인에서 만난 멘토 한 사람은 리더십 분야 작가인 마이클 하얏트였다. 2013년 블로그를 처음 시작했을 때 블로그 활동을 더욱 효과적으로 하는 법을 알고 싶어서 구글에 '블로그 하는 법' 같은 검색어를 입력했다. 마이클은 당시 블로그 운영 기법을 가르치고 있었기에 그의 이름을 쉽게 찾을 수 있었고, 나는 그가 쓴 글을 읽었다. 알고 보니 팟캐스트도 진행하고 있어서 출퇴근을 할 때마다 그의 팟캐스트를 들었다.

마침내 나는 마이클의 강의를 들을 수 있는 회원제 홈페이지에 월 회비 30달러 정도를 내고 등록했다. 당시 스스로 타협할 수 있는 수준이 딱 그 정도였는데, 더 많은 돈을 쓰기 전에 내가 블로그를 꾸준히 계속할 수 있을지 먼저 판단하고 싶었다. 나는 즉시 작업에 착수했고 그의 말을 거의 모두 따랐다. 회원 커뮤니티에서도 활발하게 활동하고 SNS에 그의 콘텐츠를 올리고 일 년 동안 매월 질의응답 전화도 빼먹지 않고 참여했다.

마이클은 SNS에 수십만 명의 팔로워를 보유했고 최상위 팟캐스트를 운영하면서 수십만 명의 이메일 목록을 가지고 있었다. 그의 프로그램에 등록한 회원으로서 나는 몇천 명 중 한 사람일 뿐이었지만 그의 코칭 전화를 받으면서 몇백 명 중 한 사람이 되었고, 꾸준히 그의 가르침을 실천하면서 마침내 몇 사람 중 한 사람이 되었다.

알아둘 점은, 크리에이터들은 일반 대중보다 자기 학생이나 고객을 훨씬 더 가까이 들여다보고 있다는 사실이다. 몇 달이 지나 그는 나를 눈여겨보고 자신의 SNS에 내 블로그 게시물을

나다움으로 시작하는 퍼스널 브랜딩

공유하기 시작했다. 마이클의 팔로워들은 내게 주목하기 시작했다. 그들은 마이클 하얏트가 공유한 게시물을 쓴 마이크 김이 누구인지 알고 싶어 했다.

마침내 나는 마이클로부터 그의 프로그램 중 일부인 홍보 웨비나에서 내 이야기를 해달라는 제안을 받기에 이르렀다. 그의 프로그램을 홍보하는 데 내가 일원으로 참여할 수 있었다. 그뿐 아니라 마이클 같은 능력을 지닌 사람과 관계를 맺었다는 이유 하나로 다른 인플루언서들이 내게 주목하기 시작했다.

전략 2. 독점적인 기회에 투자하라

인플루언서들과 관계를 맺을 때는 그들과 개인적인 접촉을 할 수 있는 자리에 들어가는 게 중요하다. 어떤 분야에서 세계적으로 막대한 팔로워를 보유한 사람은 고객을 동등한 위치에서 바라보지 않는다. 만약 그렇게 되려면 그 기회를 위해 더 많은 금전적 투자가 필요하다.

나는 마이클 하얏트에 대해 이야기했다. 당시 그의 프로그램은 출시한 지 1년 정도밖에 안 되었다. 몇 년이 지나 그는 수많은 책을 집필하고 블로그를 운영하는 법에서 리더십 계발과 상품을 판매하는 일로 옮겨갔으며 팔로워도 어마어마하게 늘어

낮다. 현재 그가 있는 위치와 영향력 수준에서 이전과 같은 전략은 효과를 발휘하지 못할 것이다.

이 시점에서 해야 할 중요한 질문이 있다. "시간과 돈, 둘 중 무엇이 더 중요한가?"

내게는 시간이 더 중요했다. 나는 그저 지금까지 하던 일을 그대로 유지하면서 나 자신을 계발하기 위해 2년, 3년, 어쩌면 4년을 더 흘려보내고 싶지 않았다. 개인적인 자기 계발이나 직업적 발전 이상의 것에 투자해야 했다. 즉 직업상 '인맥'에 투자할 필요가 있었다. 자기 계발, 직업적 발전, 직업상 인맥, 이 세 가지를 모두 달성할 기회를 찾아 나설 때가 되었다.

가장 좋은 방법은 그룹 코칭, 마스터마인드 그룹, 소규모 대면 행사처럼 독점적인 기회에 투자하는 것이다.

마이클의 프로그램을 수강하는 동안 레이 에드워즈라는 한 친구가 하는 그룹 교육용 동영상을 보게 되었다. 레이는 카피 라이터이자 마케팅 컨설턴트였고, 나는 즉시 그와 관계를 맺은 기분을 느꼈다. 지금은 친구지만, 당시에 그는 나를 알지도 못했다. 나는 연결고리가 될 사람에게 접촉할 방법을 찾았고, 결국 얼마 후에 레이로부터 고가의 그룹 코칭 모임 티켓을 제공받았다. 나는 그 모임에서 대단한 사람들을 만났는데, 그중 몇 사람은 내가 다양한 사업적 시도를 하면서 친구와 파트너가 되기도 했다.

해가 갈수록 인맥이 넓어지면서 간단한 법칙 하나를 깨달았다. 좋은 사람은 좋은 사람을 알고, 그들은 더 좋은 사람을 안다는 사실이다.

보너스를 제안하라

일 년쯤 지나서 레이가 마케팅 프로그램을 만들고 제휴 파트너를 찾았다. 그에게는 인지도와 수익이 중요했다. 당시 내 브랜드는 블로그와 팟캐스트를 통해 서서히 성장하고 있었고, 나는 그의 프로그램을 공동으로 홍보해주기로 했다. 그리하여 나는 그의 협력 파트너 중 다섯 손가락 안에 꼽히는 홍보 파트너가 되었다. 단도직입적으로 말하면 내가 일을 제일 먼저 끝냈다. 그 일로 나는 그의 팔로워뿐만 아니라 다른 제휴 파트너에게까지 알려졌다. 그들은 내가 누구인지 알고 싶어 했으며 그것은 더 많은 연결고리를 만들었다. 상위 인플루언서들의 인정은 자신감을 주었다.

내가 일등으로 결승선에 들어온 것은 의외였다. 다른 참가자들에 비해 나는 이메일 목록이 얼마 없었기 때문이다. 하지만 나는 온라인 마케팅의 전설 같은 인물 중 한 사람을 이겼고, 그리하여 그의 레이더에 잡힐 수 있었다.

어떻게 그럴 수 있었을까? 사람들이 당신의 링크를 통해 구매하도록 유도하는 핵심은, 당신만 줄 수 있는 보너스를 제공하는 것이다. 추천인이 될 권리를 얻어내라. 좋은 상품을 만드는 것은 기획자의 일이다. 매력적인 포장 패키지를 만드는 것은 제휴사의 일이다. 나는 인터넷 마케팅 프로모션에서 한 가지 간단한 법칙을 뽑아냈다. 보너스를 제안하라.

내가 홍보하는 상품은 주로 카피라이팅이었다. 내가 카피라이터일 때는 주요 상품 외 보너스를 제공한다는 게 말도 안 되는 일이었다. 나는 어떤 보너스를 제공할 수 있을지 생각했고, 퍼스널 브랜딩을 선택했다.

많은 사람이 카피라이팅 실력을 갈고닦기 위해 레이의 프로그램에 등록했으며, 전업 프리랜서 카피라이터가 되고 싶어 했다. 이것이 내가 채울 수 있는 틈이었다. 자신을 시장에 내놓는 법, 자신의 기술을 시장에 내놓는 법, 직업상 인맥을 만드는 법에 도움이 되는 브랜딩은 완벽한 보완재였다.

누구와 파트너십을 맺을지, 누구를 홍보할지 엄격하게 선별하라. 궁극적으로 당신의 이름과 명성이 걸린 일이다. 누구를 선택해 협력할지 생각하는 일은 정말 중요하다. 나는 내가 가치 있다고 여긴 사람이나 상품만을 홍보했고, 내 팔로워들에게 추천할 만한 자격을 획득하기 위해 정말로 열심히 일했다. 신뢰를 얻는다는 것은 그것을 지킬 책임을 가진다는 말이다.

함께 학교를 다닌 친구

나는 성공한 사람들이 끼리끼리 어울린다는 불평을 많이 들었다. 사람들은 이런 엘리트주의를 좋아하지 않는다.

하지만 어린 시절 같은 학교나 스포츠 클럽, 교회를 다녔던 옛 친구에게 연락해본 적이 있는가? 같은 학교를 다닌 사람들 사이에는 특별한 유대감이 존재한다. 자, 같은 수준의 기업가들이 함께 성장해 마침내 경제적 자유를 얻고 성공의 자리까지 올라갔다고 생각해보자.

당신이 파트너십을 맺고 싶어 하는 많은 전문가는 비슷한 시기에 비즈니스를 시작했다. 그들은 엘리트주의자들이 아니다. 그저 '학교 친구'일 뿐이다. 폴 마르티넬리의 말마따나 그들은 상호 협력하고 있을 뿐이다. 그들은 서로에게 신뢰와 유대감을 지닌 채 몇 년을 보냈고, 당신은 절대 그 자리를 대신할 수 없다. 물론 한동안 당신이 그들의 파트너가 될 수 있다. 하지만 당신이 무척이나 특출한 뭔가를 하지 않는 이상 그 관계를 깨기는 지극히 어렵다.

그래서 당신과 함께할 사람들의 인적 네트워크를 성장시키는 것이 중요하다. 당신만의 동료가 될 다른 사람들이 필요하다. 그리고 그들이 관심 있어 하는 일을 꾸준히 해나가라. 그리고 그들과 함께 당신의 게임을 해나가야 한다. 그들 중 누군가의 영향력이 커지면, 그들의 기준도 높아지기 때문이다.

내게도 일을 같이 하는 동료 중에 학교를 같이 다녔던 친구가 있다. 재러드 엘슬리라는 친구이다. 우리는 한 콘퍼런스에서 만났고, 나는 그의 팟캐스트 '의구심을 품어라*Starve the Doubts*'를 청취하기 시작했다. 나는 블로그에 그의 팟캐스트를 좋아하는 이유를 작성했고, 놀랍게도 게시물을 발견한 그가 내게 연락해 대화를 나누기 시작했다.

당시 나는 잘 몰랐지만 재러드는 팟캐스터들을 위한 콘퍼런스를 시작했다. 당시 재러드는 내겐 그저 친구였지만, 그가 주최하는 콘퍼런스 및 팟캐스트 무브먼트는 미국에서 가장 큰 팟캐스트 행사 중 하나였다. 그는 내게 개회식에서 강연을 해달라고 요청했는데, 그 강연은 내가 처음으로 한 비즈니스 강연이었다.

우리가 서로를 알아가던 시기에 그는 비즈니스를 키우고 영향력을 확대하는 중이었다. 그는 여전히 무척이나 현실적이었지만 행사 규모가 커지자 고려해야 할 다른 일들이 생겨났다. 전혀 경험이 없는데 강연을 하기란 무척이나 힘든 일이다. 게다가 몇 년째 개최되는 그의 콘퍼런스는 현재 해당 업계의 중심이었다. 재러드는 비즈니스 결정을 혼자 내릴 수도 없었다. 비즈니스 파트너들이 있었기 때문이다. 따라서 "친구들, 내 친구 마이크에게 강연 기회를 좀 주고 싶은데 이전에는 비즈니스 행사에서 강연을 한 적이 없다네. 하지만 그 친구는 정말 잘해낼 거야"라고 당당하게 말할 입장이 아니었다. 그와 나는 변함 없이 친구 관계를 유지했지만 비즈니스적인 협력 관계를 유지 하려면 훨씬 높은 기준을 충족시켜야 했다.

그래서 나는 아직도 스스로에게 아낌없이 투자하고 있으며 (내가 코칭에 얼마나 많은 돈을 쏟아부었는지 알면 놀랄 것이다), 내 가 하는 일에 늘 힘을 쏟고 있다. 내 고객과 마찬가지로 성장 하고 있는 다른 사람들로부터 일하는 방법, 배우는 방법, 봉사 하는 방법을 배우고 대가를 지불한다.

전략 3. 기술을 제공해 파트너십을 길러라

종종 어떻게 그렇게 다양한 분야의 수많은 인플루언서들과 인 맥을 쌓았느냐는 질문을 받곤 한다. 직업적으로 돌이켜보면, 대부분 의미 있는 인간관계는 내 기술을 다른 비즈니스에 빌려 주고 함께 일을 하면서 관계를 구축하면서 생겨났다.

제7장에서 우리는 퍼스널 브랜드의 다섯 가지 업무, 즉 강연, 코칭, 컨설팅, 글쓰기, 상품화에 대해 이야기했다. 나는 사람들 의 비즈니스 구축을 돕는 기술로 관계에 접근했다.

2018년 마케팅 전략가이자 카피라이터로서 리더십 전문가 존 맥스웰의 회사 한 곳과 일을 했다. 내가 그들에게 강연자나 코치로 접근하고 노골적으로 직접 파트너가 되고 싶은 의사를 내비추면 그들은 나를 경쟁자로 볼 것이었다. 존 맥스웰 역시 코치이자 강연가이기 때문이다. 그것도 나보다 훨씬 유명한. 나는 그의 영향력에 기대려고 애쓰는 사람으로 보일 게 분명했다.

하지만 나는 맥스웰 사의 사업에 기여할 수 있는 비경쟁적인 기술을 지녔고, 존과 그의 팀과 함께 상당히 오랜 시간을 보냈다. 더욱이 내 퍼스널 브랜드는 나를 단순한 하청업자 이상으로 포지셔닝했다. 오히려 나는 동업자이자 파트너처럼 보였는데, 내가 그들의 마케팅 캠페인의 수준을 높였을 뿐만 아니라, 활발하게 성장하고 있는 팟캐스트와 강력한 인플루언서 네트워크를 보유함으로써 많은 것을 제공할 수 있었기 때문이다. 나는 존 맥스웰 팀과 파트너 관계를 맺었다고 느꼈지만, 그들은 내 기술, 영향력, 네트워크 때문에 나를 좀 더 전문가로 대우했다.

오래 지나지 않아 그들은 내게 온라인 이벤트에서 강연할 기회를 주었다. 나는 다수의 강연을 맡았고, 이들은 그 강연을 따로 홍보까지 했으며, 그 결과 내게 지급한 금액의 5배나 되는 수익을 올렸다. 그런데 만약 내게 퍼스널 브랜드가 없었다면 이 같은 관계를 맺을 수 있었을까? 아무 네트워크도 없고 플랫폼이나 내 상품도 없이 강연을 할 수 있었을까? 그랬다면 기회가 있어도 무용지물이었을 것이다. 하지만 아직도 수많은 하청

나다움으로 시작하는 퍼스널 브랜딩

업자들이 이렇게 일하고 있다. 퍼스널 브랜드를 구축하고 인맥을 넓히고 영향력을 만들 시간이 없기 때문이다. 진심으로 안타깝다.

전략 4. 성대한 아침 만찬 자리를 마련하라

누군가와 유대를 쌓고 인맥을 확장하는 최선의 방법 중 하나는 모임을 주최하는 것이다. 사업 초기에 나는 몇 차례 친밀한 관계의 소규모 모임을 주최했고 막대한 인맥을 형성할 수 있었다. 내 친구들과 나는 이런 모임을 '성대한 아침 식사'라고 부른다. 콘퍼런스에 참석하거나 강연을 하러 갈 때 사람들을 초청하여 소규모 식사 자리를 만드는 것이다. 아침 식사가 효과적인 이유는 첫째, 콘퍼런스나 회의에서 미리 계획한 스케줄 외의 일이기 때문이다. 보통 콘퍼런스가 진행 중일 때는 자신의 이벤트를 주최하고 싶어 하지 않는다. 친구를 만드는 좋은 방법이 아니기 때문이다.

둘째, 아침 식사 자리는 끝나는 시간이 확실하다. 나는 저녁 식사 모임을 자주 거절한다, 늦은 밤까지 끝없이 질질 늘어지면 힘들어지기 때문이다. 아침 식사는 시작하고 끝나는 시간이 정해져 있다.

이따금 나는 해당 행사에 지인이 있는 동료 한두 사람에게 도움을 요청한다. 그들에게 아침 식사 자리에 몇 사람을 개인적으로 초대해달라고 부탁하는 것이다. 어느 정도 영향력 있는 사람이 참석할 거라는 이야기를 들으면 대개 그 자리에 오고 싶어 한다. 내게 직접 묻는 사람도 있다. "그 자리에 누가 오는데? 아무개가 오면 꼭 갈게." 고등학교 시절 파티에 부를 사람을 모으는 것처럼 유치하게 들려도 괜찮다. 이건 사람들이 어떻게 생각하느냐에 달렸으니까. 사람들은 자신의 시간을 들일 가치가 있는지 알고 싶어 한다는 말이다.

보통 나는 모임 인원을 열다섯 명 정도로 제한한다. 그 이상이 되면 시간이 늘어질 수 있다. 그래서 초대할 사람을 정하고 장소를 잡는 일이 중요하다. 식사 비용은 늘 내가 지불한다. 사람을 초대하고 다른 사람이 비용을 지불하게 해서는 안 된다.

식사 자리에서는 모두가 '한 번에 한 사람씩' 대화 규칙을 따르고 내가 주도한다. 한 번에 한 사람씩 대화 규칙은 모두에게 발언할 기회를 주고 한 사람이 혼자서만 떠드는 것을 방지한다. 나는 내성적인 편이라 말을 잘하는 사람들로 가득 찬 공간에 있으면 대개 입을 다문다. 이 사소한 규칙은 내성적인 사람들에게 아주 효과적이다.

먼저 짧게 환영 인사를 하고, 해당 장소를 소개한 뒤(화장실이 어디 있는지 등), '한 번에 한 사람씩' 대화 규칙을 언급한다.

나다움으로 시작하는 퍼스널 브랜딩

그리고 모임이 정시에 끝날 거라는 사실을 알린다.

모임은 대개 짧은 자기소개(이름, 출신, 직업 등) 후에 소소한 질문들을 주고받으며 분위기를 조성한다. 내슈빌에서 내가 공동으로 주재했던 한 모임에서 나눈 대화는 가장 최근 읽은 책에 관한 것이었는데, 마지막에 '전기톱으로'이라는 꼬리말을 붙여서 설명하게 했다. 모두가 웃음을 터트렸다. "전 마이크 김이에요. 뉴저지에서 왔고 마케팅 전략 일을 하고 있어요. 그리고 최근 읽은 책은『'전기톱으로' 친구를 얻고 사람들에게 영향력을 미치는 법』이에요"라는 식으로 말이다. 무척이나 유쾌했다. 열다섯 명의 사람을 식탁에 앉혀 두고 순차적으로 대화가 한 바퀴 도는 데는 15분에서 20분 정도가 소요된다.

모두 자기소개를 하고 나면, 나는 한 가지 질문을 한다. 그리고 내가 먼저 대답을 한 뒤, 한 사람을 지목해 대답을 요구한다. 지목받은 사람은 말하고 나서 또 다른 사람을 지목한다. 그러면 모두가 골고루 발언 기회를 가진다. 이 형식은 모두가 다른 사람들에게 자신의 이름을 한 번 더 각인시키는 기회를 제공한다.

예를 들어, 내가 누군가를 지목할 차례가 되면 이렇게 말할 수 있다. "저는, 아 죄송합니다, 성함이 어떻게 되시죠? 차례를 넘기고 싶습니다." 이는 무례한 것이 아니다. 이 규칙을 적절하게 운용하면 무척이나 강력한 경험이 된다. 사람들이 서로의 이름을 당장 알지 못해도 괜찮다는 사실을 보여주기 때문이다.

질문에 답을 하면서 사람들에게 자신이 어떤 사람이고 무슨 일을 하고 있는지 더 많이 알려준다. 종종 사람들은 계속 식탁에 눌러앉아 그날의 결론이나 앞서 나누었던 이야기들을 되풀이해서 이야기하곤 한다. 한 질문에 각자 1, 2분 정도만 대답해도 모두의 순서가 지나면 30분이 훌쩍 흘러가 있다. 나는 아침 식사 자리에서 자기소개를 포함해 질문이 총 세 개를 넘지 않도록 한다. 그러면 총 한 시간에서 한 시간 반 정도로 모임을 운영할 수 있으며, 그래야 사람들이 콘퍼런스 개회식에 늦지 않고 갈 수 있다.

어떤 질문을 할지 계획을 세울 때는 청중이 어떤 사람인지 알아야 한다. 오직 초대를 통해 모인 사람들이므로 당신은 초대객들에 대한 이미지를 이미 어느 정도 형성했을 것이다. 무척이나 개방적이고 자발적인 사람들이 모일 수도 있고, 다소 폐쇄적인 사람들로만 모임이 구성될 수도 있다. 다음은 내가 주최한 모임에서 효과가 좋았던 질문들이다. 물론 직접 질문을 만들어도 좋다.

1. 현재 어디에 가장 많은 에너지를 쏟고 있나요?
2. 무엇을 할 때 가장 재미있나요?
3. 삶의 질을 높인 습관 혹은 활동은 무엇인가요? 한 가지만

말해주세요.

4. 지난 3년 동안 배우고 싶었던 것 중 직접 실천한 것이 있나요?

모두 열린 결론을 맺도록 고안된 질문이다. 그리하여 새로운 프로젝트, 고객, 기회 같은 직업적 주제나 새로운 운동 습관, 가족의 새로운 소식, 워라밸에 대한 생각 등 개인적인 이야기를 끌어낼 수 있다. 이는 전적으로 참석자의 재량에 달렸다. 다만 이 질문들이 긍정적이고 활력 있는 대화를 이끈다는 점이 중요하다. 이런 대화는 성공한 기업가와 비즈니스 리더의 특징이기도 하다.

아침 식사 모임이 끝나면 함께 단체 사진을 찍는다. 어떤 사람은 그 사진을 SNS에 공유할 것이다. 그리고 당신이 그 자리에 있던 사람이라는 이유만으로 당신의 브랜드는 격상하고 새로운 네트워크를 만들 수 있다.

전략적 셀카

사진은 새로운 개척지이며, 새롭고 창조적으로 네트워크를 구축하도록 돕는 멋진 방법이다(나는 SNS로 운용되는 시장에서 일하고 있다. 그러니 당신은 이 방법을 재량껏 이용하라). 관계 혹은 파트너십을 구축하는 데 도움이 될 몇 가지 사항을 살펴보자.

앞에서 나는 우스꽝스러운 셀카 이야기를 했다. 불쌍해 보이는 굴욕 셀카 찍기 말이다. 이것은 내가 당시 하던 일을 넘어서, 인생에는 훨씬 더 많은 무언가가 존재한다는 사실을 일깨워줬다. 이번 내용은 그 반대다. 바로 전략적 셀카다. 명함을 교환하는 대신, 나는 사람들에게 깊은 인상을 남기기 위해 다음과 같은 일을 하고 추후 관리를 지속한다.

1. 인맥을 맺고 싶은 사람과 셀카를 찍어라.
2. 그 사람에게 사진을 이메일로 보내라. 명함보다 사진을 교환하는 과정이 서로를 더 쉽게 알아보게 한다. 이메일 주소를 받고 전화번호부에 해당 이메일을 저장한다.
3. SNS에 사진을 올리고 상대의 계정과 사진을 찍었던 행사명을 태그하라.
4. 주고받은 이메일을 계속 관리하라.

나는 이 방법으로 수많은 사람들에게서 큰 효과를 보았다. 어떤 분야에서는 아직도 명함 교환이 규범임을 나도 알고 있다. 그래서 당신의 재량에 맡긴다. 다만 누군가에게 사진을 찍자고 청할 때 끈덕지게 굴거나 불편을 끼치지는 마라. 핵심은 함께 찍은 사진은 대개 좋은 분위기를 담고 있다는 점이다. 당신이 누군가와 만난 경험을 SNS에 게시하는 일은 상대와 연락을 주고받고 소통을 유지하는 좋은 방법이다.

다만 유명 인사와 함께 사진을 찍으라는 말로 오해하지는 마라. 함께 찍는 셀카는 당신이 친해지고 싶은 누군가와 '관계를 여는' 일일 뿐이다. 이용당했다고 느끼면 누가 좋아하겠는가? 사람들은 그저 관계를 맺고 싶을 뿐이다.

▎전략 5. 고객을 의미 있는 사람으로 만들어라

팔로워를 많이 보유하거나 상당한 수준의 영향력을 발휘하고 있어야 방아쇠를 당겨 대단한 일을 할 수 있다고 생각하기 쉽다. 하지만 나는 오히려 정반대임을 깨달았다.

2017년 말, 처음으로 '영향과 파급력*Influence & Impact*'이라는 비즈니스 행사를 주최했다. 40명쯤 되는 소규모의 초대객만 입장 가능한 이벤트로, 당시 내가 살고 있던 뉴저지 북부에서 얼마 떨어지지 않은 곳에서 개최했다. 지금까지 나는 비즈니스란 문제를 해결해 수익을 내는 일이라고 수차례 말했다. 그래서 새로운 기획을 할 때는 이렇게 자문하곤 한다. "내가 풀고 싶은 큰 문제가 무엇인가?"

'영향과 파급력'을 마케팅할 때 나는 사람들에게 전화를 걸거나 이메일을 보내 이렇게 말했다. "제가 해결하고 싶은 큰 문제가 있습니다. 제게는 각자 다른 인생을 살아가고 있는 뛰어난 친구들이 있습니다. 다들 만나면 도움이 될 것입니다. 그렇게 될 수 있도록 하려고 합니다. 이번 행사에 당신이 만나면 도움이 될 사람이 두세 명 정도 있을 겁니다. 와주시지 않겠어요?" 내 제안은 이렇듯 간단하다.

행사 개회사에서 나는 이렇게 말했다. "서로 알면 좋을 것 같은 지인들을 한자리에 모셨습니다. 문제는 친구들을 이렇게 한자리에 모을 수 있는 기회는 제 장례식밖에 없다는 사실이죠. 전 아직 살고 싶어요!" 몇 차례 키득거림이 터져 나왔다(내가 유머 감각이 없는 걸 다들 안다). 나는 친구들이 이 행사에서 세 가지를 가지고 돌아가길 바란다고 말했다.

1. 신뢰
2. 명확성
3. 인간관계

나는 이틀간의 행사 기간 동안 이 말을 거듭했고, 참가자들은 행사가 끝날 무렵 이 세 가지를 얻을 수 있었다고 말했다. 이것이 의도적인 브랜딩이다. 사람들이 당신의 작업이 어땠는지 설명할 말을 안겨주는 것이 중요하다.

이 말이 행사를 주최할 때 참고할 만한 청사진이 될 수도 있

나다움으로 시작하는 퍼스널 브랜딩

겠지만, 그보다 나는 당신이 이런 일을 할 때 '거대할' 필요가 없다는 점을 알려주고 싶다. 내가 행사를 주최할 당시 내 이메일 리스트는 길지 않았다. 팟캐스트는 시작한 지 얼마 되지 않았다. 대단한 고객들도 없었고 최고의 코칭 프로그램을 운영하지도 않았으며 최고의 강연자들을 초대할 예산도 없었다. 행사 강연자들은 모두 친구, 동료 혹은 그룹 멤버 중에서 개인적으로 코칭을 진행한 인물이었다. 대부분 그 무대가 첫 번째 공개 강연 자리였다. 나는 그중 많은 친구들에게 프레젠테이션 피드백을 주고, 그들의 강연을 촬영한 동영상을 보내 마케팅에 사용할 수 있게 했다.

이것은 내가 그들에게 주고 싶은 선물이었다. 나는 그들을 의미 있는 사람으로 만들어주고 싶었다. 내 초대객들이 의미 있는 사람이 되길 바랐다. 내가 아니라 친구들의 수준을 높여주는 행사가 되길 바랐다. 그렇게 하는 동안 내 브랜드(그리고 내 영향력)도 기하급수적으로 성장했다. 그 행사와 이후 수년간 내가 행했던 수많은 일들 역시 엄청나게 영향을 발휘했다. 많은 참가자들이 서로 비즈니스 파트너가 되었으며, 정말 친한 친구가 된 사람들도 있다.

당신에게 도전 과제를 주겠다. 당신이 서비스할 만한 의미 있는 장소를 찾지 마라. 당신이 서비스하는 바로 그곳을 의미 있게 만들어라. 양초의 불이 다른 초로 옮겨간다고 해서 빛을 잃는 건 아니다. 당신이 속한 집단에 존재하지 않는 누군가를 찾지 마라. 당신과 주위에 있는 사람들과 함께하라. 더 많은 영향력을 얻으려고 헤매지 마라. 조금 더 깊이 있게 들여다본다면, 당신이 생각보다 더 많은 자원과 자산, 가치를 지니고 있음을 깨달을 것이다.

친구여, 이 일에는 변명의 여지가 없다. 당신은 이 장에서 내가 설명한 일을 모두 다 할 수 있다. 잠시 사적인 이야기를 좀 하자면 '영향과 파급력' 행사를 개최할 당시에 난 이혼의 아픔에서 벗어나지 못한 상태였다. 나는 친구들을 돕고 싶은 진심, 그것 하나만으로 힘을 얻을 수 있었다. 당신이 사람들의 문제를 진심을 다해 해결하고 피땀 흘려 브랜딩을 한다면 엄청난 결과가 나타날 것이다.

사람들이 함께 일하고 싶은 인물이 되는 법

인플루언서와 협업하는 법으로 이 장을 시작했다. '퍼스널 브랜딩 8P 전략'에 따라 브랜드를 구축할 때 당신은 사람들이 협업하고 싶어 하는 인물이 되어야 한다. 당신에게는 관점이 있다. 진실하고 강력한 스토리가 있다. 당신의 포지셔닝은 분명하고 플랫폼은 성장하고 있으며 현실적인 문제를 해결하는 상

나다움으로 시작하는 퍼스널 브랜딩

품도 갖추고 있다.

사람들이 무엇에 끌려 당신과 일하고 싶어 할지 정확하게 말로 표현하지 못해도, 당신은 이미 대답을 알고 있다. 바로 당신이 브랜드 그 자체이기 때문이다. 당신은 노력했다. 대가를 치렀다. 브랜딩의 길을 걸었다. 이제 당신의 영향력과 수입을 폭발적으로 증폭시킬 협력 관계를 구축하라.

체크리스트

Q. 당신을 협업하고 싶은 사람으로 만드는 다섯 가지 전략을 개략적으로 설명했다. 다음 90일 동안 무엇을 실천할 것인지 계획을 세워보자.

전략 1. 누군가가 꼼꼼히 살펴볼 만한 사람이 되어라
전략 2. 독점적인 기회에 투자하라
전략 3. 기술을 제공해 파트너십을 길러라
전략 4. 성대한 아침 만찬 자리를 마련하라
전략 5. 고객을 의미 있는 사람으로 만들어라

내가 서문에서 했던 말이 기억나는가? 나는 독자들이 "드디어 내가 찾던 책이 나왔어!"라고 느끼길 바랐다.

지금까지 몇 차례 이야기했듯이, 마케팅은 판매를 성사시키는 일이 아니다. 부디 내가 아이디어와 충분한 사례를 제대로 전달했길 바란다. 온기와 희망이 전해졌길 바란다. 당신이 영향력을 쌓는 데 이미지나 화려한 겉모습에 의존하지 않아도 된다는 사실을 깨닫길 바란다. 내가 만든 모닥불에 당신이 오고 싶어 하길 바란다!

이 책을 읽으면서 무엇보다 당신 자신이 브랜드라는 사실을 깊이 이해하고 깨닫길 바란다.

이 일은 당신의 몫이다(자발적으로 해야 한다). 다시 말한다.

'브랜딩에 관한 모든 내용을 완전히 이해하고 나서 시작해야지!'라고 생각하기 쉽다. 사실은 그렇지 않다. 일단 시작하면서 알아가라. 먼저 스스로 행하기 시작한다면, 더 많은 것을 알게 된다.

또한 나는 이 책이 청사진의 역할을 한다고 말했다. 나는 당신이 브랜딩을 하며 나아가는 과정에서 이 책을 거듭 읽으며 안내서로 삼길 바란다.

▌ 거절당했을 때

이 주제는 괴롭지만 언급하지 않고 넘어갈 수가 없다. 퍼스널 브랜드 사업을 구축하는 여정은 여타 사업과 똑같다. 성장세와 하락세가 있고 좋은 날과 나쁜 날이 있다. 좋은 날을 누리기 위해서는 힘든 날을 거치며 고생도 해야 한다.

우리는 종종 거절을 개인적인 문제로 여기곤 한다. 하지만 그렇지 않다. 날 믿어라. 나는 온라인에서 누군가 나에 대해 말한 내용, 이메일 구독 취소, SNS 팔로우가 끊기는 일에 전전긍긍하느라 많은 시간을 허비했다. 당신이 누군가의 머릿속 한편을 차지하고 있더라도, 그 사람은 당신의 머릿속을 신경 쓰지 않을 것이다. 중요한 일에 집중하라.

나는 더 이상 거절당하는 일을 개인적인 문제로 받아들이지 않는다. 그 사람들은 나와 개인적 친분이 있는 사이가 아니기 때문이다. 그들에게 나는 그저 온라인에서 '떠드는' 사람 중 한 명일 뿐이다. 누군가가 나에게 거절의 말을 한다면 그 사람은 마이크 김이라는 사람을 거부하는 것이 아니다. "마이크 김이라는 퍼스널 브랜딩을 하는 사람은 내가 지금 필요한 것(혹은 원하는 것)을 가지고 있지 않아"라고 말하는 것일 뿐이다.

가족과 친구 외 다수의 사람은 나를 개인적으로 거절할 수 있는 친한 사이가 아니다. 그러한 권리는 내 인생에 속한 소수에게만 있다. 당신 역시 이렇게 생각하길 바란다.

핵심은 이러하다. 자신에게 일어나는 일을 늘 통제할 수 있는 건 아니지만 자기 내면에서 일어나는 일은 통제할 수 있다. 그러니 온 힘을 다해 활동하라. 일이 진행되는 자리에 있어라. 자신이 무엇을 해낼 수 있는지 끝까지 가라. 망설이지 마라. 타인이 당신의 평화를 어지럽게 두지 마라.

사람들에게 문을 열어줘라

마지막으로 사람들에게 문을 열어주라고 권하고 싶다. 사람들에게 그들이 달리 얻을 수 없는 기회를 주어라. 그들이 자신의 소명을 시작할 수 있도록 당신의 영향력을 보태라. 사람들이 스스로 얻을 수 없는 것을 얻게 해줄 추천서를 써라. 언급하라. 자랑하라. 이름을 널리 알려라. 이런 일을 하려면 유명하고 큰 돈을 벌고 이름을 날려야 한다고 생각하면서 그저 때가 오기만을 기다리지 마라. 지금 당장 시작할 수 있다.

영향력은 화폐와 같다. 흐름이 있다는 말이다. 다른 사람들을 위해 그것을 쓰면 쓸수록, 당신은 더 많은 영향력을 가지게 될 것이다. 내가 만났던 가장 쩨쩨하고 소심한 사람은 금전적으로 빈곤한 사람이 아니었다. 영혼이 빈곤한 사람이었다. 돈이 빈곤한 영혼을 채울 수는 없다.

아무도 신용을 쌓는 일에 신경 쓰지 않는다고 상상해보라. 물론 당신이 문을 열어준 사람 중 몇몇은 당신을 곤경에 빠뜨리거나 잊어버릴 수도 있다. 그래도 계속하라. 당신이 다른 사람들을 위해 문을 열어줄 때 더 많은 문이 당신 앞에서 열린다. 당신이 네트워크가 되어라. 당신의 사업이 사람들이 모여드는 모닥불이 되게 하라.

문을 열어주는 일은 당신을 겸허하게 할 것이다.

나는 뉴욕에서 꽤 오래 지냈다. 아직도 많은 건물 앞에 도어맨이 인내심을 겸비하고 서 있다. 도어맨은 사람들에게 문을 열어주면서 건물 안으로 쉽게 들어오도록 돕는 것 이상으로 사람들의 삶을 편리하게 만들어주는 존재다.

271

거만한 도어맨이라는 콘셉트는 어리석다. 이것이 다른 사람들을 위해 문을 열어주는 일이 효과적인 이유이다. 도어맨은 지나가는 행인들을 느끼듯이 모든 것을 본다. 그는 모든 사람을 안다. 관찰하고 인내하고 예의를 갖추며 사람들이 생각하는 것보다 훨씬 많은 것을 알고 있다.

단지 다른 사람이 당신보다 성공하고 더 일을 잘한다는 사실이 싫은 게 아니라면, 당신을 막아설 것은 아무것도 없다. 당신의 네트워크는 성장하고 당신은 네트워크가 될 것이다. 성공할 것이다. 무엇도 당신을 막을 수 없다. 당신은 잊히지 않을 것이다. 인플루언서가 될 것이다. 누구도 너그러운 사람을 이길 수 없기 때문이다.

┃ 계속 가라

소소하나마 당신이 가는 길에 보탬이 되었다면 영광이다. 맑은 날이 오길 기다리며 싸우는 날들은 바람이나 비를 맞는 기분과 같다. 당신이 노력할수록 맑은 날이 당신을 요리조리 피하는 것처럼 느낄 것이다. 붙잡을 나뭇가지가 하나라도 있는지 찾아다니며 짙은 안개를 헤치고 나아가는 기분이 드는 날도 있을 것이다. 가끔 좌절도 하겠지만 지금 있는 곳에 주저앉아 날

나다움으로 시작하는 퍼스널 브랜딩

씨가 개기만을 기다린다면 안개 너머에 있는 자신의 길을 찾지 못한다.

이 책의 도입부에서 내가 당신에게 보여준 길을 기억하는가? 계속 그 길을 걸어가고 꾸준히 작업을 해나가라. 계속 반복하라. 강연, 글쓰기, 컨설팅, 코칭, 상품화라는 다섯 가지 일을 연마할 기회를 찾아라. 걸어가다 보면 자신의 능력이 날카롭게 벼려지고 새로운 기회, 협력자, 친구 들이 당신 주위로 모일 것이다.

이 책이 당신을 영감으로 가득 채우고 행동을 취하게 하고 새로운 지식과 기술을 갖추게 해주었길 바란다. 무엇보다도 당신 자신을 새로운 시각에서 바라보는 기회를 제공했길 바란다.

지금 당장은 어렵겠지만 나를 믿어라. 그러면 분명 특별한 일이 벌어진다. 계속 그 길을 걸어가라.

마지막으로 한마디만 하겠다. 자신이 전달하는 메시지를 실천하고 자신의 일을 사랑하고 세상에 족적을 남겨라. 기억하라, 당신이 브랜드다.

건투를 빌며,
마이크 김

추신 1 내가 사용하는 자기소개 템플릿을 뒷장에 실었다. 이 책에서 다룬 마케팅 내용을 통합한 것이다. 이 템플릿은 시간을 절약하고 팟캐스트 인터뷰나 강연 같은 공개적인 활동 기회를 얻는 데 도움이 되었다. 당신에게 맞게 변형해서 사용하라.

추신 2 어떤 책들은 탄탄한 사례나 대본 없이 "당신이 풀고 싶은 문제가 무엇인지 결정하고 고객을 찾으러 나가라"라고 말한다. 나는 이런 말이 싫다. 홈페이지(YouAreTheBrandBook.com)를 방문한다면, '아이디어를 실행 계획'으로 바꾸는 연습 문제들과 함께 다양한 템플릿을 만날 수 있다. 당신을 위해 차근차근 정리해두었다.

《스타워즈》의 대스승 요다는 말했다. "하거나 하지 않거나의 문제다. 그냥 시도하는 일은 없다."

나다움으로 시작하는 퍼스널 브랜딩

많은 사람들이 성공가도를 달리면서, 그것이 다른 사람들의 희생과 격려 덕분임을 알지 못한다. 나 역시 크게 다르지 않았다.

이 책을 쓰는 일은 마치 내 인생이 다른 방향으로 갈 수 있으리라는 걸 처음으로 느꼈던 2009년으로 다시 돌아가 사는 것만 같았다. 그 후 몇 년간은 쉽지 않았다. 그 시절에 대해 쓰는 것은 내가 예상했던 것보다 훨씬 힘들었다. 그래서 이 책을 마무리하면서 내가 지금 이 자리에 도달하기까지 내 편이 되어 나를 지지해준 사람들의 이야기를 하지 않을 도리가 없다.

레이 에드워즈, 당신이 대븐포트 호텔에서 제게 이 말을 해주었던 날을 절대 잊을 수 없을 겁니다. "자넨 이 시장에서 성공할 자질이 있어." 제가 한 일은 모두 당신이 제게 심어준 그

믿음을 다른 사람들에게 심어주는 일이었습니다. 그 후 몇 년 동안 제가 코칭했던 모든 사람들에게 당신은 '대부'와 같은 존재입니다.

제이슨 클레멘트, 당신은 멋진 디자인으로 저의 다른 모습을 드러나게 해줬습니다. 이 책이 당신의 가장 최신작이 되겠죠.

첼시 브린클리, 당신이 없었더라면 제 사업을 감당 못 했을 겁니다. 제가 자유로운 생활을 누리고 이 책에 집중할 수 있게 해줘서 고맙습니다. 당신 같은 최고 운영 책임자와 함께할 수 있다니, 저는 참 복이 많은 사람입니다.

제프 고인스, 당신은 제가 작가라고 말해줬죠. 당신은 제가 처음으로 믿은 사람입니다. 당신의 귀중한 아이디어와 유머 감각에 그저 고마울 따름입니다. 우리 우정 만세!

로런 V. 데이비스, 내가 이 책을 계속 쓸 수 있게 끝없이 격려하고 독촉하는 문자를 보내줘서, 이 책의 모든 장을 읽어줘서 고마워요.

출판사와 실제 기업가가 계약을 맺는 일은 귀한 일이죠. 모건 제임스 출판사 편집부에 감사드립니다.

최고의 집필 코치 캐런 앤더슨, 당신에게 전화 코칭을 받을 수 있어 영광이었습니다. 당신의 조언과 지혜, 영민함은 이 책 전체에 스며들어 있습니다. 당신이 없었더라면 이 책도 없었을 겁니다.

나다움으로 시작하는 퍼스널 브랜딩

저의 비즈니스 코치 토드 허먼, 제게 잠재된 리더의 모습을 끄집어내 또 다른 자아에 발을 들이게 하고, 제 현실과 목표 사이의 격차를 메워준 것에 감사드립니다.

내 영혼의 안내자 로렌 트릴린, 당신은 제 마음을 열고 제가 삶에서 바라는 것이 무엇인지 명확히 깨닫게 해주고 미래로 나아갈 수 있게 도와줬습니다.

이 책을 쓰기 위해 비밀리에 흘린 '피, 땀, 눈물'을 견뎌준 워싱턴의 가족에게 그저 고마울 따름이다. 여동생 에스더, 매제 소여, 두 조카 하루와 태호, 날 위해 늘 현관문과 냉장고를 열어줘서 고마워. 늘 한자리에서 필요할 때면 격려의 말을 해주고 함께 한잔 나눠준 찰스, 감사드립니다.

엄마, 당신은 창작자로서 저의 특이한 면모를 이해해준 유일한 분이세요. 엄마 역시 나와 비슷한 사람이라 가능했다고 생각해요. 제게 예술가적 기질을 물려주고 글을 쓸 공간을 마련해주신 것도 정말 감사드려요. 사랑합니다.

내 인생 최고의 반려견 라미와 심바, 이 책을 쓰는 몇 주, 몇 달, 몇 년 동안 내 곁을 지켜줘서 고맙다. 너희들이 정말 보고 싶어.

저의 자랑스러운 고객과 학생 여러분 모두에게도 인사를 전하고 싶습니다. 여러분의 신뢰와 격려는 영감이 되었습니다. 당신들의 여정의 한 부분이 될 수 있어서 영광입니다.

마지막으로, "이것이 주의 손이 하신 일인 줄을 그들이 알게 하소서. 주 여호와께서 이를 행하셨나이다."(시편 109편 22절)

나다움으로 시작하는 퍼스널 브랜딩

퍼스널 브랜딩 사업을 하며 더 많은 기회를 얻을수록 팟캐스터, 행사 코디네이터, 화상 세미나 진행자 들에게 내 정보를 보내는 데 시간을 너무 많이 쓰고 있다는 생각이 들었다. 마침내 나는 현명하게 일을 하기 위해 내 경력과 자주 받았던 인터뷰 질문 몇 가지, 얼굴 사진, 로고, 현재 운영 중인 SNS 주소를 홈페이지에 게재했다. 이 같은 소개용 템플릿은 몇 시간이나 절약해줬다.

자세한 내용은 차차 바뀌겠지만 현재 내가 사용하는 것을 소개한다. 이를 토대로 자신에게 맞게 수정해서 사용하면 된다. 이 템플릿은 내 홈페이지 보도자료 목록(MikeKim.com/presskit)에서 볼 수 있다.

마이크 김은 마케팅 전략가, 직접반응광고 카피라이터이자 『나다움으로 시작하는 퍼스널 브랜딩』의 저자다. 오늘날 가장 영향력 있고 선도적인 브랜드들과 함께 일하며 소셜 미디어 마케팅 월드, 팟캐스트 무브먼트, 트라이브 콘퍼런스 등을 비롯한 업계를 선도하는 연례행사에서 강연을 진행하고 있다.

수년 동안 그는 뉴욕시 인근에 위치한 회사에서 CMO(마케팅 총괄 책임자)로 일하며 수백만 달러 규모의 성장을 이끌었다. 당신은 그가 스쿠버다이빙 명소를 찾거나 위스키 한 잔을 홀짝이는 동시에 온라인 콘퍼런스에서 강연하는 모습을 볼 수 있을 것이다. 그리고 그의 인기 팟캐스트 '브랜드 유 팟캐스트'에서 브랜딩, 기업가 정신, 삶의 가르침을 들을 수 있다.

SNS

⋯⋗ 웹사이트: https://mikekim.com
⋯⋗ 인스타그램: https://www.instagram.com/mikekim
⋯⋗ 메타(구 페이스북): https://www.facebook.com/mikekimtv
⋯⋗ 엑스(구 트위터): https://twitter.com/mikekimtv
⋯⋗ 링크드인: https://www.linkedin.com/in/mikekimtv/
⋯⋗ 유튜브: https://www.youtube.com/@YouAreTheBrand

방송 제목(콘텐츠가 있으면 추가한다. 아래는 제목 예시다.)

···▸ 수익성 있는 퍼스널 브랜드 비즈니스를 구축하는 8단계(The 8 Steps to Building a Profitable Personal Brand Business)

인터뷰 발췌

1. 어떤 방식으로 브랜드, 비즈니스 및 리더들이 자신이 말하고 싶은 메시지를 찾게 도울 수 있었나요?
···▸ 마이크의 퍼스널 브랜딩 3가지 기본 틀을 참조하세요. 그는 세 가지 간단한 질문으로 사람들이 자신의 관점을 명확하게 세우는 것을 돕습니다. 핵심은 이것입니다. 마케팅은 판매를 성사시키는 일이 아니라 관계를 열어주는 일이라는 사실입니다.

2. 브랜드 아이덴티티를 구축할 때 가장 먼저 해야 할 일은 무엇인가요? 순서가 있나요? 아니면 일단 무작위로 던져서 무엇이 효과를 발휘하는지 살펴보나요?
···▸ 마이크의 '브랜드의 3가지 하위 아이덴티티'를 참조하세요. 비즈니스 및 브랜드를 성장시키기 위해 매년 다른 연간 캠

페인을 구축하는 것입니다. 핵심은 이것입니다. "성공은 순차적으로 이루어진다. 동시에가 아니라."

3. 세상에는 수많은 노이즈가 있지만 사람들에게는 모두 같은 소음으로 들립니다. 퍼스널 브랜드가 어떻게 고유한 무언가를 전할 수 있을까요?
⋯⋙ 마이크의 카피프루프 원칙을 참조하세요. 오늘날의 다섯 가지 마케팅 방식을 사례와 함께 제시합니다.

4. 어떻게 하면 광고 카피를 더 잘 쓸 수 있을까요? 사람들이 많이 언급하는 광고 문구를 쓰는 비결이 있습니까?
⋯⋙ 마이크는 사업 초기에 자신이 광고 문구 쓰는 법을 배울 때 사용한 연습 문제들, 사람들의 대화에 불을 지필 수 있는 브랜드와 관련한 핵심 문장들을 공유하고 있습니다.

5. 0에서 시작한 사람들이 어떤 기술을 습득하고 경험할 수 있는지 알아내는 방법이 있습니까?
⋯⋙ 마이크는 이제 막 시작한 사람들에게 마케팅 기술 및 경험들을 콕 집어 알아내는 데 도움이 될 간단한 프로세스를 가르쳐줍니다.

옮긴이 이한이

출판기획자 및 번역가. 국외의 교양 도서들을 국내에 번역해 소개하며, 대중이 좀 더 쉽고 재미있게 접근할 수 있는 책들을 기획·집필하고 있다. 옮긴 책으로는 『콰이어트 리더십』 『아주 작은 습관의 힘』 『다시 리더를 생각하다』 『생각하라 그리고 부자가 되어라』 『부자의 언어』 『스토리텔링 바이블』 등이 있다. 지은 책으로는 『문학사를 움직인 100인』이 있다.

{ 나다움 }으로 시작하는 퍼스널 브랜딩

1판 1쇄 발행 2024년 1월 29일

지은이 마이크 김
옮긴이 이한이
발행인 박명곤 **CEO** 박지성 **CFO** 김영은
기획편집1팀 채대광, 김준원, 이승미, 이상지
기획편집2팀 박일귀, 이은빈, 강민형, 이지은
디자인팀 구경표, 구혜민, 임지선
마케팅팀 임우열, 김은지, 이호, 최고은

펴낸곳 (주)현대지성
출판등록 제406-2014-000124호
전화 070-7791-2136 **팩스** 0303-3444-2136
주소 서울시 강서구 마곡중앙6로 40, 장흥빌딩 10층
홈페이지 www.hdjisung.com **이메일** support@hdjisung.com
제작처 영신사

ⓒ 현대지성 2024

"Curious and Creative people make Inspiring Contents"
현대지성은 여러분의 의견 하나하나를 소중히 받고 있습니다.
원고 투고, 오탈자 제보, 제휴 제안은 support@hdjisung.com으로 보내 주세요.

현대지성 홈페이지

이 책을 만든 사람들

기획 박일귀 **편집** 이지은, 이은빈 **디자인** 구경표